德育教育工作与学生管理

DEYU JIAOYU GONGZUO YU XUESHENG GUANLI

陈希震　赵　畅　扎西顿珠　著

汕头大学出版社

图书在版编目（CIP）数据

德育教育工作与学生管理 / 陈希震，赵畅，扎西顿珠著． -- 汕头：汕头大学出版社，2023.7
ISBN 978-7-5658-5078-3

Ⅰ．①德… Ⅱ．①陈… ②赵… ③扎… Ⅲ．①德育－教育研究－中国②学生－学校管理－研究－中国 Ⅳ．①G4

中国国家版本馆CIP数据核字(2023)第131258号

德育教育工作与学生管理
DEYU JIAOYU GONGZUO YU XUESHENG GUANLI

作　　者：	陈希震　赵　畅　扎西顿珠
责任编辑：	郭　炜
责任技编：	黄东生
封面设计：	古　利
出版发行：	汕头大学出版社
	广东省汕头市大学路243号汕头大学校园内　邮政编码：515063
电　　话：	0754-82904613
印　　刷：	廊坊市海涛印刷有限公司
开　　本：	710mm×1000mm　1/16
印　　张：	8.75
字　　数：	150千字
版　　次：	2023年7月第1版
印　　次：	2024年4月第1次印刷
定　　价：	55.00元

ISBN 978-7-5658-5078-3

版权所有，翻版必究
如发现印装质量问题，请与承印厂联系退换

编委会

主编：

陈希震　　平原县龙门小学

赵　畅　　辽源职业技术学院

扎西顿珠　西藏阿里地区改则县完全小学

副主编：

李　楠　　长春市双阳区太平镇土顶中心小学

刘芳铭　　长春市双阳区太平镇土顶中心小学

孙男男　　长春市双阳区太平镇瓦房小学

刘　宁　　陆军步兵学院石家庄校区

姚　尧　　南阳医学高等专科学校

郎　杰　　山东省寿光市世纪学校

张　倩　　南阳医学高等专科学校

编委：

王学志　　湖北省荆门市沙洋县职教中心

前 言
PREFACE

  本书是一部研究"德育教育工作与学生管理"的学术用书。主要针对新时期如何对学生进行德育教育和学生管理工作。新的历史时期需要具有新素质和新精神面貌的新人，面对巨大的社会整体性变革，教育也要随之发生变革。其中，直接关涉人才素质培养的德育工作在面对机遇的同时，也迎来了挑战。学校德育教育工作如何获得生机？如何培养新人？如何真正地面向现代化、面向世界、面向未来？都是亟待回答的问题。课程，作为学校教育的直接载体，是回答此问题的关键。课程是教育目的和教育内容的集中体现，又是贯彻国家教育方针、落实学校培养目标的载体和方式，课程的质量总是备受关注。从整体上看，作为学生道德教育的主阵地，思政类课程如何有效地发挥德育功能，提高德育实效性，必须引起重视、思考与研究。除了向学生传授理论知识以外，学校教育还要通过社会实践教育塑造学生的人品和人格，促使学生的道德价值观趋于良好。同时，学校要将中华优秀传统文化融入德育教育，使学生在认同中华优秀传统文化的基础上，规范自己的行为。教师也需要将德育教育渗透在教学环节中，时刻关注学生情感和思想动态的变化，使学生形成正确的道德价值观。

  学生管理方面，本书首先描述了我国在学生管理方面存在的问题，系统地梳理了学生管理的思想和原则以及任务和方法。其次，通过对学生管理模式的分析，探究了大众化教育背景下的学生管理工作。最后，面对当前我国学生管理模式的一些问题，提出创新学生管理模式的一些对策。在管理理念上，建议教育工作者服务和引导并重，树立以学生为本的思想，注重体现学生的主体地位。在学生管理手段上，实行多样化的学生管理模式。在班级日常管理中，教师不仅要对学生的成绩、行为规范、道德准则等外在方面给予关注，更应该对学生情感方面的发展、心理的变化，以及如何正确引导学生发展个性等内在方面给予关注，使学生有积极阳光的心态，遇到困难和挫折不气馁，有集体荣誉感和归属感。德育教育贯穿学生学习生涯的整个过程，各个阶段都离不开德育教育，只有德才兼备的学生才是社会发展需要的人才。

本书在撰写的过程中，吸收了部分专家、学者的一些研究成果和著述内容，笔者在此表示衷心的感谢。由于笔者水平有限，书中难免会有不足之处，恳请广大读者批评指正。

作　者
2023年2月

目 录
CONTENTS

第一章　德育教育概述 1

　　第一节　德育教育理论综述 2

　　第二节　德育教育发展现状和不足之处 11

　　第三节　德育教育实效性提高策略 16

第二章　思政类课程的德育功能 25

　　第一节　思政类课程德育功能分析 26

　　第二节　思政类课程德育功能变迁 31

　　第三节　思政类课程德育功能的不足之处和提升策略 34

第三章　中华优秀传统文化融入德育教育 39

　　第一节　中华优秀传统文化综述 40

　　第二节　中华优秀传统文化融入德育教育现状和策略 46

　　第三节　中华优秀传统文化融入德育教育的发展趋势 57

第四章　学生管理概述 61

　　第一节　学生管理内涵 62

　　第二节　学生管理的指导思想与原则 63

　　第三节　学生管理的对象和现实任务 70

　　第四节　学生管理的特点和作用 73

　　第五节　学生管理的研究方法 77

第五章 学生管理制度的探索创新 79
第一节 学生社区化管理的探索实践 80
第二节 学生社会实践规范化管理创新 88

第六章 学生管理实践——班级管理中的情感教育 105
第一节 班级管理中的情感教育现状 106
第二节 班级管理中的情感教育目标和内容 117
第三节 班级管理中的情感教育的实施 121

结束语 126

参考文献 128

| 第一章 |

德育教育概述

第一节 德育教育理论综述

一、什么是德育

学界在定义德育这个概念时,将其分为狭义概念和广义概念,也就是"小德育"和"大德育"。从狭义的角度来说,德育指的是道德教育;从广义的角度来说,德育是一系列教育的统称,包括思想教育、道德教育、政治教育、法制教育和心理教育等。狭义的德育教育和广义的德育教育的争论焦点就在于是否将思想教育、政治教育等包含在内。鲁洁和王逢贤在他们撰写的《德育新论》一书中是这样认为的:狭义的德育概念指的是学校德育,即道德教育,当代德育内容广泛而丰富,狭义德育的概念已经不符合时代的需求,也无法囊括当代德育的内容。太过于笼统的定义也不适合作为德育的概念。他们主张,把德育看作思想教育、政治教育、法制教育、道德教育的总称。这样,德育的概念才能够界限明确,且严整。因此,他们给出的德育的定义是:德育,是教育者遵循品德形成的规律,根据一定社会和受教育者的需要,通过内化和外化的方式,采用言教、身教等有效手段,发展受教育者的思想、政治、法制和道德等方面素质的系统活动过程。[①]本书中的德育指的是"大德育"。笔者认为,德育是根据德育对象的实际需要,德育工作者采取一系列的教育方法,在充分尊重道德规范形成规律的基础上,依照已有的社会道德规范,传授德育知识给德育教育对象,并将道德理论知识外化为德育主体的社会行为,从而全面提升受教育者的思想道德素质的过程。学校德育是学校的德育工作者,根据社会发展的形势和要求,在已有的社会道德规范的基础上,充分尊重学生的实际需要、个性特征,通过采取不同的教育方式和教育手段,制定相应的德育目标,将德育理论内化为学生自身道德素质的过程。

[①] 鲁洁,王逢贤.德育新论[M].南京:江苏教育出版社,1994:4—10.

二、什么是德育实效性

德育实效性的"实效"指的是德育这项实践活动所取得的实际效果。具体而言，德育实效性是通过投入一定的人、财、物、时间等，获得最佳的效果和最大的好处。也就是说，德育目标在特定的环境条件下的实现程度，如果对改善学生的道德素质产生了积极的推动作用，那么德育是有实效性的。学校德育实效性是学校德育工作者通过课堂等主渠道将德育理论传授给学生，让学生通过自我的学习和感悟，转化为自身内在的道德素质，再通过一定的德育实践，将这种内化在自身内在的隐形的道德素质转变成生活中的日常行为。[1]

三、德育教育理论基础

（一）国外德育教育理论

1.杜威的"从做中学"理论

美国著名的教育家、哲学家杜威（Dewey）认为，教育并不是一件"告诉"和"被告知"的事情，而是一个主动的和建设性的过程。基于此，杜威提出了"从做中学"这个教育理论。教学应该以学生为中心，活动是教学的载体，教师要根据学生的心理特点，以他们的现实生活作为出发点，对教学过程进行科学、合理的设计。杜威的"从做中学"主要指的是"从活动中学""从经验中学"。杜威认为，知识是从经验中积累出来的，学生只有在实际操作中才能够学到知识。在教学中，教师应该让学生通过感觉器官去接触事物，展开积极的思考，将感性认识上升为理性认识，这样才能够找到解决实际问题的方法。

2.皮亚杰认知发展理论

认知结构的发展涉及图式（schema）、同化（assimilation）、顺应（accommodation）和平衡（equilibrium）四个基本概念。最初的图式是一些本能的动作，是遗传性的，比如吮吸、抓握等。图式是儿童面对外部世界学会更多复杂

---

[1]张万山.当前我国高校德育实效性问题及对策研究[D].石家庄：河北师范大学，2012：23-27.

动作的基础。皮亚杰（Piaget）认为，同化是刺激的输入或者改变，其结果是引起图式量的变化。①随着儿童年龄的增长，身体的变化对营养物质摄入的需求增大，要从一开始的吮吸母乳变为吃饭，这就是说原来的图式已经不能满足他们的需要，要采取新的动作适应环境，这就是顺应。也就是说，主体的本身拥有的图式不能同化客体，使图式的内部结构发生改变，产生新的图式，从而适应现实，也就是引起了主体本身发生质变。同化和顺应是儿童探索外部世界改变主体认知结构的方式，同化引起量的改变而顺应引起质的变化，这两种机能互相补充达到平衡，是儿童认知不断发展的基础。皮亚杰把儿童的心理发展划分为四个阶段。感知运动（sensorimotor）阶段（0—2/3岁）。儿童通过感知、运动，主动探索外部世界，通过同化获得越来越多的动作，习得越来越多动作的同时也明白了客体永久性。前运算（preparational）阶段（2/3—7/8岁）。儿童的语言得到进一步发展出现"象征性功能"②，思维具有单一性，自我中心。具体运算（concrete operational）阶段（7/8—11/12岁）。儿童可以掌握守恒是这个阶段的特点，具备抽象概念，并且借助具体表象进行逻辑运算和推理。形式运算（formal operation）阶段（12岁—成人）。儿童逐步出现了逻辑思维运算，可以进行逻辑推理，能够解决代数问题，开始和成人一样的形式运算。皮亚杰认知发展理论阐述了这样的客观规律：认知发展的四个阶段因个体差异的存在，出现时间和持续时间会有所不同，但阶段出现的先后次序不变，并且各个阶段之间按照顺序穿插发展，具有连贯性。

3.价值澄清理论

（1）产生的背景

价值澄清理论最初是作为一种教学方法而产生的。在发展的过程中，逐渐吸取了哲学、伦理学、心理学、教育学等学科的养料，不断加以充实和完善。马斯洛（Maslow）和罗杰斯（Rodgers）等人的思想对价值澄清理论产生了重要的影响。渐渐地，价值澄清理论丰富了人本主义心理学对人、对教育、对教师的看法，极大地影响了价值澄清方法。③价值澄清理论认为，经验是价值的来源，它

---

① [瑞士]皮亚杰，海尔德著，吴福元译.儿童心理学[M].北京：商务出版社，1980：45-58.
② [瑞士]皮亚杰，海尔德著，吴福元译.儿童心理学[M].北京：商务出版社，1980：45-58.
③ 戚万学.冲突与整合——20世纪西方道德教育理论[M].济南：山东教育出版社，1995：283.

不是与生俱来的，是在生活中不断积累而形成的，潜移默化地对价值的形成产生影响。罗杰斯批评以教师为中心、灌输式权威命令式的传统教学方法，提出了以学生为中心的非指导性的教学模式。他认为，师生之间要相互信任，教师要充分相信学生，学生也要对教师有信心。同样，价值澄清理论也要求教师尊重和信任学生，以学生为中心创设自由民主的教学气氛，积极发挥学生的主动性，尊重学生的价值选择。在哲学上，澄清价值理论以存在主义的伦理学为基础。受存在主义的伦理学的影响，价值澄清理论认为，价值的形成是主观的，是在个人自由的基础上产生的。任何和绝对价值有关的说法都将有损于人的个性和人的选择自由，都意味着放弃人的道德自主性。价值澄清学派的理论来源除了人本主义心理学和存在主义的道德哲学之外，还受到了杜威的经验主义的影响。杜威认为，道德的形成过程就是不断从坏经验转变成好经验的过程，而且成人和儿童的道德都是在经验的不断积累和发展中形成的，价值是一个发展的过程。拉思斯（Raths）等人也认为，人们是通过不断积累的经验获得发展和学习的，现实生活就是一个过程，发展价值观是个人的终生过程，并不是在成年早期便一成不变的东西，[①]价值会随着经验的发展、成熟而逐渐发展、成熟。杜威（Dewey）认为，经验能够指导生活，同样生活也孕育着个人的经验发展，儿童应该在生活中不断学习价值过程。价值澄清理论也指出，价值是个体经验的产物，价值发端于富于变化的生活。[②]因此，价值澄清理论倡导的教育方式则是使学生可以根据自身的生活经验不断衍生出个人的价值观念。

（2）主要内容

①澄清自身的价值观念

价值澄清理论认为，传统道德教育一直使用的道德说教、榜样示范等旧式的灌输德育方法，不能有效地解决目前学生存在的价值困惑的问题，学校需要更新旧的德育方法。价值澄清学派设计了上百种澄清策略，通过对这些策略的学习和运用，让学生掌握澄清方法，学会批判性地思考、自我分析和自我评价。因此，拉思斯等人还提出价值澄清方法的四大要素。第一，以生活为中心。价值澄清常常使人们把注意力集中在自己生活中的某些方面，这些方面恰恰昭示着他们

---

① [美]路易斯·拉思斯著，谭松贤译.价值与教学[M].杭州：浙江教育出版社，2003：36.
② [美]路易斯·拉思斯著，谭松贤译.价值与教学[M].杭州：浙江教育出版社，2003：34.

所珍视的东西，人们或许会集中注意他们的某些行为。第二，对现实的认可。澄清价值时必须不偏不倚地接受学生的一切，包括态度、观点、情感、兴趣等价值观，以使学生真诚地表达自己，但并不等同于教师赞成学生的一切。第三，鼓励进一步思考。学生的思想不能仅仅停留在现有的水平上，要学会更加全面地、客观地思考价值问题。教育者要尽一切可能促进受教育者积极思考。这一方法的目的在于鼓励学生更加明智地选择、更加清楚他们所珍视和珍爱的事物、更好地把选择整合到日常的行为之中。第四，培养个人能力。价值澄清学派鼓励学生不断地学习澄清策略、练习澄清技能，并且以培养学生审慎自主的潜在意识为目的。

②实现知、情、意、行的统一

根据上述四个要素，拉思斯等人认为，学校德育教育中的价值观的形成过程即价值澄清过程主要有以下三个阶段七个步骤。

第一阶段：选择，包括自由地选择、从各种可能选择中进行选择、对每一种可能选择的后果进行审慎思考后做出选择。

第二阶段：珍视，包括珍爱自己的选择并感到满意、愿意向别人确认自己的选择。

第三阶段：行动，包括根据选择行动、以某种生活方式不断重复。

在以上所经历的三大阶段七个步骤的过程中，教师鼓励学生可以自由选择，最终形成符合自身要求的价值观念。价值澄清理论能够帮助人们在价值多元的社会里有效地减少价值混乱，提高价值选择的理性思维能力，并使人们的价值选择能力得到锻炼和提升。

4.生命教育理论

作为一种新型教育，生命教育的起点是生命，它的宗旨是要发展生命、完善生命、提升生命的质量和生命的意义。生命教育认为，教育过程并不是标准件的加工过程和植物的生长过程，它是人生命成长的过程。生命需要教育为其全面、均衡的发展提供必要的保障。这样，在追求人生意义时，人们才能够成为主体生命。通过对生命的关爱、对生命各种社会属性的培养、对追求生命意义的引导，生命意义旨在努力培养具有健康的身体、健全的心态、德智体美劳全面发展、创新能力的社会主义合格建设者和可靠接班人；正确处理人和自然、社会之间的关系，达到三者的辩证统一；对单向度的人进行改造，在重新认识自我的同时，回到那个迷失已久的精神家园。在生命教育理论看来，主动性、丰富性、生动性、创造性是人生命的特点，但是它也很脆弱，因此我们应该对生命给予呵护、关爱、鼓励。生命与之俱来的动力、它的社会性和人们对生命意义的追寻都是生命得以成长的不竭动力。获得知识、增长技能是生命成长必不可少的东西。与此同时，全面均衡的发展、形成积极乐观的精神、塑造良好的人格更是生命成长过程中不可缺失的。立足人本角度，生命教育对个体的发展给予关注，实现人的全面发展和可持续发展是个体生命最高的发展目标。这一最高的发展目标能否实现关系着教育的成败。人不仅是目的，也是手段。社会能够为人的全面发展提供物质保障，而人的全面发展又会促进物质条件的提高。劳动生产力的提高在一定程度上需要人的全面发展，人需要适应各种各样的工作，这样才能够满足社会化大生产对流动性的需求。要想实现人的全面发展，我们的教育还有很长的一段路要走。我们应该不断地努力，在力所能及的范围内，将教育理论和生活实践联系起来，将教育和劳动生产结合起来，全面发展教育，向着实现人的全面发展这个远大的目标前行。一个多世纪以来，科学技术越来越发达，经济也得到了迅猛的发展。但是，为了追求利益的最大化，人类不惜破坏环境，人类与自然的平衡被打破。与此同时，自然也以它特有的方式惩罚人类。只有走可持续发展之路，人类社会才能健康、长久地发展下去。前人栽树，后人乘凉。我们不能为了眼前的利益就肆无忌惮地破坏自然环境。在满足当代人不断提高的物质、精神需求以外，我们还要为我们后代的长久发展创造条件。每一个社会成员的可持续发展共同决定了整个社会的可持续发展。当社会成员形成可持续发展观以后，他的行为、态度、做事的方法都会在这种观念的指导下进行，从而促进整个社会的可持续发展。人是生产力发展的第一要素，因此我们需要培养出能够适应社会要求的、潜力无限的人。这也是社会可持续发展的核心所在。从根本上说，可持续发展理念能够激发生命的潜能，促进人的成长，突出发展性。可持续发展理念界定了人发展的周期，有力地补充了人发展的理想。人的可持续发展是以人的全面发展为基础的。如果人的发展是不全面的、畸形的，那么发展的持续性就会被破坏掉。只有以全面发展为基础，人才能够实现可持续发展。因此，以生命为本，发展并完善生命，从而实现人的全面发展和可持续发展是生命教育的目标。

（二）国内德育教育理论

1.古代德育教育理论

（1）先秦时期的德育教育理论

春秋战国时期，是我国古代伦理思想及德育理论的形成时期。儒家思想是先秦各家德育教育理论中最为系统和丰富的，孔子、孟子和荀子都是儒家思想的代表。作为我国古代伟大的教育家，孔子的思想对今天的人们也有着极大的影响。孔子对我国的教育作出了极大的贡献，尤其是德育教育理论。首先，孔子认为，德育是治国安邦的根本，应放在培养人的首位，孔子在教育内容和对学生的具体要求上突出德育教育；其次，德育教育的核心是"仁"和"礼"，"礼"是调整社会关系的基本准则，"仁"是包含在这些基本准则中的基本精神；最后，在实践中，孔子总结了一套卓有成效的德育教育原则和德育教育方法。在孔子的基础上孟子对道德概念加以规范，促进了我国封建社会德育教育理论的形成。孟子提出，德育教育的目的是"明人伦"，即使人懂得人与人之间的关系；德育教育的作用就是让人恢复其本有的善性。荀子对于德育教育也是非常重视的，主张把"礼论"作为德育教育的中心内容，认为"礼"是治国平天下的根本。[1]

（2）汉唐时期的德育教育理论

汉唐时期是我国封建社会的兴盛时期，儒家的德育教育思想随着封建政治经济的发展也有了很大的发展，并走向完善。贾谊和董仲舒是这一时期的代表人物。贾谊非常重视德育教育，他认为："道之以德教者，德教洽而民气乐；驱之以法令者，法令极而民风哀。哀乐之感，祸福之应也。"董仲舒发展了儒家的德育内容、德育原则和德育方法。在德育内容方面，提出"三纲""五常"；在德育原则和德育方法方面，提出"以仁安人，以义正我"等观点，也就是要求人们养成严以律己、宽以待人的品行，经常反思剖析自己，要将德育和智育结合起来，培养德才兼备的人。[2]

（3）宋至明清时期的德育教育理论

北宋以后，社会矛盾更加尖锐，农民起义不断。朱熹是这一时期的代表人

---

[1] 徐元善.中国古代德育理论述略[J].徐州师范学院学报，1993（04）：128-131.
[2] 徐元善.中国古代德育理论述略[J].徐州师范学院学报，1993（04）：128-131.

物,他热衷教育工作,教育经验丰富。朱熹认为,德性是一个人的重要品质,极大地影响着其他方面。朱熹一直都把德育教育放在重要的位置,他对封建社会的德育教育理论和德育教育实践作出了突出的贡献。他认为,每个人都有与生俱来的善性,但是经常会被隐藏起来,通过适当的启发和激励,可以使受到隐蔽的善性得以复现,在德育教育中,能动作用是非常关键的。[1]因此,朱熹对德育教育的能动作用是非常重视的。

2.当代德育教育理论

(1)生活德育教育模式

生活德育教育模式是针对学校德育教育脱离生活现实,借助国内外经典生活世界理论,提出的一种德育教育模式。唐汉卫认为,道德教育植根于生活之中,道德教育只能在生活中且通过生活来履行自己的使命。[2]高德胜认为,有效的道德教育必须突破知性德育的框架,让道德教育回归生活。生活是道德的归宿,也是道德教育的目的所在,教师应当使学生学会从生活出发,在生活中学习道德并在道德学习和教育中回到生活。生活德育教育模式提出德育课程应回归生活;应从生活逻辑出发,反映学生的整体生活;课程教学应从问答式走向对话式,教师应做好"导演"的角色。生活德育教育模式由于契合新课程改革的教学理念而受到人们的关注。

(2)活动德育教育模式

活动德育教育模式是在检视传统道德灌输和认知主义教育取向的基础上提出的,突出了德育教育的主体性本质和实践性特征。活动德育教育的实质是通过活动进行德育教育。个体的自主活动不仅是德育教育的目的,而且是德育教育的手段。作为目的,意味着活动、实践道德生活应成为学校德育教育追求的最高境界;作为手段,意味着教育者应把活动作为个体道德发生、发展以及道德之个体意义实现的源泉来理解并加以运用。活动德育教育应是由学生自主参与的、以其兴趣和道德需要为基础、以促进学生道德发展和社会和谐为目的的社会交往活动为主要方式。[3]活动德育教育模式强调德育的主体性和实践性,主张建立以活动

---

[1]徐元善.中国古代德育理论述略[J].徐州师范学院学报,1993(04):128-131.
[2]唐汉卫.生活道德教育论[M].北京:教育科学出版社,2005:33-35.
[3]戚万学.活动道德教育模式的理论构想[J].教育研究,1999(06):69-76.

课程为主导的德育教育课程理念和课程体系，营造对话式的民主的师生关系，强调教师角色的组织性、参与性和指导性。活动德育教育模式由于指向德育教育实践，并且进行了一些卓有成效的实践，所以深受广大教师的欢迎。

（3）情感德育教育模式

情感德育模式是基于改观学校德育教育中唯认知主义和功利主义取向而提出的。强调道德的情感取向，认为情感不仅是道德生成的内部动机系统，而且是个体精神发育的外部表征；情感体验是道德在主体世界的呈现，是个体道德学习的重要学习方式；个体道德行为的发生发展受情感的导向与调节；以情感为核心的动力机制是个体道德发展的内部保证。情感德育教育模式以人的情感发展为德育教育目标，把情感体验作为提高德育教育实效的途径。在情感德育教育模式中，学生的道德发展建立在师生情感交融的基础上，道德教育应回归家庭的亲子关系和学校的师生、生生关系。调动学生亲身经历的情感体验是情感德育教育模式的本质。因此，教师应在促进学生道德认知发展、组织参加社会实践活动、拓展社会经验的基础上，让学生亲身经历道德体验。

（4）制度德育教育模式

制度德育教育模式是通过道德的制度教育人、以制度德性培养个人德性的德育。这一模式认为，良好的道德需要制度的保障，学校德育不应回避制度德性。相反，应正视并弥补制度的缺陷。制度德育教育模式中的制度指的是直接或通过影响人们的价值取向而间接地规制或约束人们行为的社会交往规则。[1]制度德育教育模式不断扩展道德活动空间，对师生的行为进行规范，以保障道德教育活动的顺利进行。杜时忠系统地论述了制度和道德、制度德性和个人德性的关系以及制度对兼具社会性和自利性的人的道德行为的规范作用。他认为，德育制度是不可忽视的德育资源，具体包括正式的、理性化的、系统化的行为规范，如学生守则、学生日常行为规范、学习制度、生活管理制度、学生的礼貌常规和品德测评制度等。学校德育教育必须以道德的制度培养道德的人，坚持学生参与原则、发展为主原则和服务生活原则。[2]

---

[1] 董建新.制度与制度文明[J].暨南学报（哲学社会科学），1998（01）：8-13.
[2] 杜时忠.制度德性与制度德育[J].教育研究与实验，2002（01）：11-13.

（5）欣赏型德育教育模式

在反思德育教育过程中线性的师生关系和不断加剧的道德绝对主义与相对主义之间的矛盾的基础上，人们提出了欣赏型德育教育模式，目的是要增强教师的价值引导和学生主体自我建构。让学生在审美化的德育情境中，通过欣赏性的道德学习，完成价值选择和道德建构是欣赏型德育教育模式的目标。这一模式由两个主要部分组成：在欣赏中完成道德学习和道德过程诸要素的审美化。于是，德育将情境性和审美化统一起来。在"欣赏"中，学生不仅获得价值选择能力，而且提高创新能力；在学生自主建构道德的过程中，教师是学生的参谋或者伙伴。欣赏型德育教育模式从发现或欣赏的视角，展现人生的道德智慧和个体人生的美丽，践行审美化的人生法则，最终实现德育活动的形式美、德育作品美与师表美的统一。[①]欣赏型德育教育模式是对德育实践、德育模式的全新探索，它将德育过程全局性、根本性的理念转化为可操作性的实践。

第二节 德育教育发展现状和不足之处

一、德育教育发展现状

（一）德育课程设置情况

以学生核心素养推进立德树人根本任务的落实，是当前教育顺应世界教育改革的重要趋势，也是课程理论研究的焦点和课程改革实践的方向。教材是课程最主要的育人载体，既承载着立德树人的重任，也关系着国家和民族的未来。我国高度重视教材建设工作，明确指出教材集中体现国家的意志，是国家事权，是实现中国梦、落实立德树人根本任务的重要依托和基本依据。我国积极推进中小学道德与法治（思想政治）、语文、历史教材的统编、统审，通用以及大中小学思政课一体化建设，着力发展学生的核心素养，提升学生的综合素质，在为党

[①] 檀传宝.让道德学习在欣赏中完成——试论欣赏型德育模式的具体建构[J].北京师范大学学报（人文社会科学版），2002（02）：107-112.

育人、为国育才、培养能够担当民族复兴大任的时代新人上发挥着不可替代的作用。从2012年开始，由教育部组织的义务教育阶段道德与法治、语文、历史教材（以下简称"统编三科教材"）进行统一编写。2017年启动了普通高中思想政治、语文、历史教材的统编工作。统一编写和使用三科教材，是新时代学校教育的培根铸魂工程。统编三科教材的核心指向是立德树人，始终贯穿着社会主义核心价值观，强化国家认同，在中小学生心目中植入红色基因，为他们扣好人生的第一粒扣子，是国家落实核心素养的有力举措，是事关中华民族伟大复兴的基础性工程，为新时代中小学德育课程建设指明了方向。2017年，高中学段的课程方案明确指出，高中学段思想政治课程的核心素养主要包括政治认同、科学精神、法治意识和公共参与四部分。在德育课程建设方面，如何构建学生核心素养体系，并将其融入德育全过程，成为落实立德树人根本任务以提升学生综合素质的重要环节。我国的高校都已开设了德育课程，主要由马克思主义理论课和思想品德课，也就是"两课"构成。马克思主义理论课和思想品德课是对学生进行系统思想政治教育的主渠道和基本环节，是每个学生的必修课程。马克思主义理论课设置马克思主义基本原理、中国特色社会主义建设和中国革命史论课程，思想品德课设置思想道德修养、法律基础和形势与政策课程。这些课程的开设，适应了时代的需要，培养了大学生良好的道德品质和高尚的理想情操，在帮助学生树立正确的"三观"方面发挥了很大的作用。2016年，国家颁发了《关于加强和改进新形势下大中小学教材建设的意见》，从事关党和国家长治久安的高度出发，立足学科核心素养的达成，引导学生立德成人、励志成才。

（二）德育课程教学情况

一直以来，德育课程的教学方式以课堂讲授为主，教师不停地讲，学生默默地听，师生之间缺少互动。有的教师没有意识到自己的使命是设计课程、激活知识和创造体验，只是把自己当作知识的传授者，教学方式不仅简单，而且缺乏创造性，从而打消了学生学习的积极性，没有收到良好的教学效果。德育教育成为纯粹的知识理论课，学生机械、被动地接受教育，忽视学生的实际需要和兴趣，认知和实践相互脱离，学生的学习兴趣自然不高，但碍于考试的缘故，学生又不得不学，教学效果不佳。在平时的教学中，学生比较注重德育教育的课堂分数，而课下的德育实践并没有硬性的要求，也没有相应的评价标准，所以没能引起学生重视，学生可参加也可不参加。有的学生即使参与德育实践，也没有切身地融入其中，产生共鸣。德育教育只是在课堂上讲授，对受教育者的主体参与道德情感的培养起的作用微乎其微。学生无法将他们学到的道德准则转化为自身的道德需要，不利于良好道德习惯的养成。德育课程要想提高教学效果，必须改革教学方法，将讲授法、讨论法、案例分析法、辩证法、实践法等结合起来，并运用多媒体技术以及网络资源充实课堂教学，从而激活学生的学习兴趣，调动学生学习的积极性，使学生将理论知识和实践活动结合起来，以提高德育课程的针对性和实效性。

（三）学生德育习得情况

学校、社会、家庭是德育习得的三个主要途径。学校是学生德育学习的主渠道、主阵地，社会环境和政府的扶持是学生德育学习的外在条件，家庭教育和家庭环境的影响是学生道德素养养成必不可少的条件。从现状来看，学生的德育主要通过课堂理论学习和德育实践（包括志愿者活动、社区服务等）来习得。德育教育的普及，更多地集中在理论传授，教师只关注学生的课堂表现，没有将德育实践纳入教学评价中。德育课程内容的优化、教学方法的改革，关系德育教育质量和学生对德育教育理论的接受程度，进而对学生思想道德水平的提高产生影响。

家庭教育是学生德育习得的重要途径之一。近年来，有的家庭教育观念随着我国社会和经济的发展，发生了很大的变化。家长淡化了一些传统的家庭教育观念，"重智轻德"的思想有所蔓延，家长更多地关心孩子的学习成绩，长大后是否能够找到一份体面而收入不错的工作，对孩子的思想变化和心理变化关注不够。一些传统的道德观念逐渐被边缘化，一些不良的教育方式受到部分家长的"追捧"。溺爱、满足不合理的要求、粗暴的教育方式等都会或多或少地影响学生思想道德水平的提高，对学生正确道德观念的培养也会产生消极作用。

社会德育有着丰富的德育资源，感染力强，是学校德育、家庭德育的补充、延伸和拓展。近年来，新媒体的广泛应用使社会德育具有很大的覆盖面、辐射力和渗透性。因此，社会德育对学生德育的养成起着重要的作用。然而，由于社会环境较之学校环境要复杂得多，存在一些错误的言论，学生辨别起来有一定的难度。如果没有对学生进行及时的正确的引导，他们就会做出错误的道德判断。

二、德育教育不足之处

（一）德育教育机制有待完善

在学校中，德育教育一直处于比较重要的位置。学校都能积极响应国家号召，认真执行相关政策。然而，在实践中，有的学校把加强德育教育当成口号或者在执行国家政策时力度不够。有的学校在德育教育上做了很多努力，也制定了相应的制度，但是在操作层面上需要加强。目前，人们对学校的评价还停留在智育上，对学生人格等方面的关注不够。对于学校的培养目标而言，国家也提出了要求，即培养德智体美劳全面发展的学生。然而，在学校的评价指标上，除了智育，德育、体育、美育、劳育等并没有得到充分体现。此外，学校对德育教育重视程度不够还体现在德育机制不完善、德育队伍不健全。在学校德育教育中，存在这样一种错误的观念，即德育教育是思政类教师和班主任（辅导员）的事情。而很多其他学科或专业课教师则把教学和科研当成主要工作职责，对德育教育的地位和作用认识严重不足，认为自己的工作仅限于教书而非育人，割裂了二者的关系，忽视了德育教育的系统性、过程性。仅仅通过部分教师的工作，没有学校的重视和支持，没有全员育人的氛围是很难达到学校德育教育效果的。在实际教学中，很多学校常常把德育和智育分开。另外，由于长期受到应试教育的影响，有的学生也忽视了德育教育。上述因素使得学校中的德育教育形成全过程、全方位、全员育人的格局还有一段距离。

（二）德育教育内容重理论轻实践

目前，道德说教依然是德育教育常常采用的教学模式。教师在课堂上滔滔不绝地讲授着理论知识，枯燥的内容、呆板的形式、单一的教学方法，无法激发学生的兴趣，让学生认同和实践更是难上加难。德育教育不只是获得更多的理论知识，实践也是必不可少的。在当下的学校德育教育中，大部分学生的理论知识还是非常丰富的，他们在课堂讨论、小组辩论这些教学活动中，道理讲得头头是道，对是非善恶也有一定的标准，但是在现实生活中遇到和自己利益有关的事情时，只做对自己有利的，对自己不利的便敬而远之。道德认知和道德行为产生不对等，说明在德育中，学生并不缺德育理论，而缺道德实践。学校非常重视学生的德育教育，将其放在比较重要的位置，国家和社会也高度关注，但德育效果并不尽如人意。德育教育如果仅从理论层面开展，恐怕也会失去德育教育的初衷。通常情况下，学生更注重德育教育的课堂分数，而忽视德育实践。这种重理论轻实践的做法，对当前的德育教育主体并没有产生良好的教育作用。笔者认为，德育教育必须深入社会、深入实践，让教育主体通过自己的感悟体会道德理论和标准的合理性，并认可其价值，从而内化为自己的道德信念，进而在生活中践行。

（三）德育教育目标过于理想化

德育教育目标指的是国家设定的对德育教学主体政治思想和道德品质的期望，是德育教育活动的出发点和立足点。由于受到国家政治和历史因素的影响，很长一段时间以来，我国的德育教育目标都过于强调高度，过多地强调方向性和政治性，追求一种高境界、高层次的德育教育目标。德育教育目标的制定应该考虑学生的主体需求和个人利益，不利于学生将学到的德育教育的理论知识转化为自愿的行为和理想追求。德育教育目标的制定应该体现层次性，既有高的道德要求，又有最低标准的道德需要。不同的学生群体应该有不同层次的要求。德育教育目标过于理想化，就会让学生觉得离自己很远。学生只是肤浅地理解各种道德要求，无法达到预期的教育效果，影响德育教育目标的实现。

（四）德育教育形式过于呆板

目前，德育教育，仍然停留在理论教育层面，教育者常常给人一种高高在上的感觉，告诉学生什么是道德的、什么是正确的，他们应该做什么、不应该做什么。这样的德育教育忽视了学生的主体地位，缺乏师生之间的交流和沟通，很难引起学生的共鸣，更难让学生认可。另外，从教学方法上来看，灌输式的讲授过于单调呆板，有的教师习惯照本宣科，缺乏对社会现实的分析和联系，课堂气氛不活跃，无法激发学生道德学习的积极性和主动性，使整个课堂显得枯燥乏味。随着德育环境和德育主体的变化，德育方法也应该顺应时代变化和社会发展潮流，与时俱进、不断创新。针对学生出现的新问题、学生关注的焦点、社会上出现的新热点设计课堂内容和德育教育形式，教师可以在课堂教学中引入小组讨论、案例分析、道德情境体验等，让德育教育变得多样化、灵活化，从而吸引学生的注意力，增强对学生的感染力。德育教育真正的目的在于陶冶学生的道德情操，提升学生的道德素养，使学生养成良好的道德行为习惯，以促进学生的全面发展。德育工作者在创新教育形式的同时，还应精心设计活动载体，进行体验式教学，比如组织开展丰富有益的实践活动，像关注留守儿童、帮扶孤寡老人、山区支教等，让学生在道德实践中增强社会责任感，增进对社会的认识和理解，将学习到的道德理论付诸实践，以促使学生将既有的道德认知转化为良好的个人道德行为，在反复实践中不断进行自我教育、自我完善，从而不断提高道德水平。

第三节　德育教育实效性提高策略

一、影响德育教育实效性的因素

（一）外部环境

1.时代环境的影响

随着经济全球化、政治多样化、文化多元化，世界各国的交流也越来越频繁，尤其是文化交流。当然，在文化交流频繁的当下，人们的思想观念和生活方式也发生了很大的变化，国外一些不好的价值观念也进入国内。由于社会环境和历史发展的不同，国外道德伦理和我国传统道德伦理之间产生了很大的冲突，这些都对学生的价值观产生了极大的挑战，有的学生陷入了迷茫的状态，他们在判断问题时常常辨识不清，道德选择出现混乱。

2.社会环境的影响

目前，我国正面临着社会结构重组，处于特殊的社会转型期，人们的思想观念和生活方式也随之发生了巨大的改变。在社会主义市场经济体制的影响下，人们更加关注效率和利益，自我意识不断增强，从而诱发极端个人主义、拜金主义和享乐主义等负面效应。学生过分关注自我，强烈追逐个人利益，而淡化了集体意识，也使以往优秀的传统道德被抛弃，传统的道德观念受到极大挑战，众多影响学生道德观念的因素、多元的价值观出现。在多元价值冲突的环境下，道德价值的选择显得尤为重要。例如，有的用人单位在招聘时仅看学生的学历或者毕业院校，而很少考虑学生的人品和道德水平。

3.新媒体时代的挑战

近年来，新媒体技术快速发展，在加速信息传播速度、丰富信息传播手段的同时，对学生的道德观念也产生了深刻的影响。大多数学生的道德价值观念还并不成熟，多元化的价值观念会对学生的生活带来很大的冲击，使得价值观正在成形的学生，很容易良莠不分，接受错误的价值观念。

（二）内部环境

1.学校德育教育氛围有待增强

有的学校在德育教育工作中没有形成完善的机制，只是把德育教育交给德育教师和思政教师，没有形成党政一体齐抓共管的局面。德育教育内容和手段比较单一，其他学科或专业教师的育人作用没有凸显出来。例如，有的非思政类教师认为自己的工作是上好课、搞科研，学生和教师的接触仅限于课堂。他们把教学当成传授理论知识，而非教授学生做人的道理，不善于挖掘学科中的德育元素。这种观念弱化了德育教育的效果，使课堂这个育人主渠道的作用打了折扣。校园文化在营造德育氛围方面起的作用有待提高，通过表面宣传是很难吸引学生的注意力、引发学生兴趣的。校园文化的隐性育人作用没有充分发挥出来。

2.德育教育内容和实际脱钩

德育教育内容过于陈旧，与当前的时事热点、国家政策导向、学生生活实际和关注焦点等贴合不够。在德育教育中，教育者常常过分强调最高层次的道德。由于这种境界过高的道德层次常常脱离学生生活实际和社会实际，所以有的学生产生不了情感共鸣。此外，德育教育内容过分强调道德理论，忽视了实践的必要性，也会妨碍学生将形成的道德观念、道德意志转化为道德行为。

3.家庭教育缺失

随着学生年龄的增长，特别是到了大学阶段，有的家长就放松了对孩子的约束，认为有学校的管束和学生的自我约束就足够了。由于时间和空间的距离，家长和孩子的交流和沟通变得越来越少，家长也没有意识到孩子的世界观、人生观、价值观还没有成熟，如果没有家庭教育的紧密配合和家长的适时引导，学生很容易走偏。在家庭教育中，家长常常过多强调和重视学生的智育，对道德教育、责任意识很少提及。

二、提高德育教育实效性的策略

（一）增强学校重视程度，完善德育工作机制

1.加强领导，完善德育工作机制

学校应该制定完善的德育管理体制和工作机制，把学校党委作为德育工作的领导核心，成立以学校党委为首的德育工作领导小组，负责德育工作方针、德育工作任务和总体规划的研究制定，形成党委统一领导、党政齐抓共管、全校紧密配合、上下共同推进的德育工作体制。建立系统的德育教育体系，明确目标，细化责任，在全校范围内广泛推行，营造良好的育人氛围。学校要引导全体教职工共同履行以人为本的德育教育原则，制定相应的政策，比如在评聘职称方面的政策倾斜，鼓励更多品德高尚、敢作为、有能力的优秀教师加入德育教育队伍中，让更多的人关注和关心德育教育，真正实现"育人为本，德育为先"。

2.加强德育队伍建设，努力打造一支专业化、职业化的德育工作队伍

德育工作队伍是学校德育教育的组织保障，学校的德育教育工作除了学校党委的重视以外，主要依靠德育工作队伍来完成。目前，德育工作人员主要是学校的党政干部、思政教师、班主任（辅导员）。他们往往身兼数职，工作任务繁重，很难拿出专门的时间和精力对学生开展德育教育。学校党委要高度重视，加强组织领导，真正把德育工作放在首位，采取切实措施，培养一支具有坚定的政治方向、扎实的理论功底、敢于开拓创新的德育工作队伍，提高其职业化和专业化水平，使这支德育队伍真正成为学生健康成长的指导者和全面发展的引路人。学校领导层面应从各个方面给予适度的关心，适当提高待遇、倾斜政策，提高德育工作岗位的吸引力，吸引更多的教师加入其中，不断充实德育队伍，真正建立起一支高水平的德育工作队伍。同时，学校应该定期对德育工作者开展培训，统一思想，提高认识。德育工作者除了要掌握德育理论知识，还要积极开展学术研

究，使他们成为德育领域的专家，增强归属感和使命感，提高德育工作队伍的稳定，从而真正实现德育工作队伍的职业化、专业化。

3.充分发挥德育教师的人格示范作用，营造全员育人氛围

在学生成长的道路上，教师要肩负起相应的责任。教师的一言一行、一举一动对学生有着强大的示范作用，潜移默化地影响着学生。因此，学校必须加强教师的思想道德和职业道德建设，提高教师的道德修养和综合素质，不断提高德育工作人员的师德修养，充分发挥教师的人格示范作用，树立以人为本的服务意识，做到为人师表、言传身教，通过教师的人格示范作用培养学生为人处世的态度，使教师成为学生崇拜的对象、可以信赖的朋友，从而达到成功传递科学的道德观念和价值标准的德育教育目标。强化"育人为本，德育为先"的理念，让更多的教职工参与德育教育，把全员育人、全方位育人的思想贯穿到学校教学、管理、服务的各个方面，努力形成全员参与、齐抓共管的良好德育氛围。

（二）创新德育内容，改进德育教育方法，增强德育实践

1.创新德育内容

现行的德育教材，内容相对滞后，对学生缺乏吸引力和感染力，并且在以说教、灌输为主的课堂教学中，学生处于一种被动接受的状态，使德育教育的效果大打折扣。我们应该创新德育教育内容，注重与时俱进，不断挖掘社会热点中所包含的德育素材，利用身边的德育资源，将德育教育渗透在学生生活的方方面面，而不仅是单纯地停留在教材的"理论"或"概念"上；合理地借鉴国外优秀的德育理论和德育教育方法，丰富德育教育方法和形式；注重中华优秀传统文化的传承和启迪作用，让学生深刻领会和感受传统文化的魅力，乐意接受并传承传统文化中的精髓，并能将之转化为内心自觉的信念和实际行动。新时期，学校道德教育内容要贴近学生的生活实际，满足学生的现实需要，才能充分彰显"以人为本"的德育理念，才能真正走进学生的心灵，启迪学生的道德思维，深化其已有的道德认识，增强道德选择和判断能力，从而培养良好的道德行为习惯，增强德育教育效果。

2.改进教育方法,增强道德实践

德育教育应不仅要传授知识、示范行为,使学生"知其然",还应该让学生"知其所以然"。在具体的教育方法上要改变传统的灌输模式,采取多样化的教育手段,可运用案例分析、小组讨论、演讲辩论等,增强学生的参与热情,调动学生学习的积极性和主动性,使学生成为道德认知的主角;积极组织学生参加道德实践活动,让学生认识到自我修养的必要性,从而使学生对德育教育内容内化于心,外化于行。德育教育方法应贴近社会、贴近生活、贴近学生的实际,适应学生的成长特点。在德育课程教学中,学校可以探索德育教师与团委、学生社团联合开展活动的方式,在德育实践活动中让德育教师参与活动的设计、规划,并全程跟踪、指导,把课堂教学内容融入社会实践活动中,实现理论向实践能力的转化,帮助学生认识社会、服务社会,在实践中强化道德内化、巩固道德信念,并建立科学的评价体系,将实践表现计入德育课成绩,以增强德育教育的实践效果。总而言之,德育教育只有从态度、形式、内容、方法等方面加以改进,做到与时俱进,才能真正发挥其育人作用,达到预期效果。

(三)确定恰当的德育目标,优化德育环境

1.确定恰当的德育目标

德育目标是德育工作的出发点和落脚点。社会对人的道德发展要求是多层次的,学生道德发展水平也是一个由他律到自律逐渐完善的过程,要求所有的学生不分阶段、不分层次都达到同样的高度和水平是不合理的。学校德育目标的确立必须遵循德育规律,不但立足现实,密切联系当今时代背景,而且必须符合学生身心发展规律,有计划分层次地开展。因此,德育工作者必须重视德育目标中的层次性问题,充分认识德育工作的阶段性和渐进性特征,增强德育的针对性,分层次制定恰当的德育目标,满足不同道德层次的需要,从而提高德育的时效性和针对性。从总体来看,学校的基本德育目标应划分为两个层面:基础目标应体现"如何做人",也就是要求学生具有基本的人格修养和公民素养,具备诚实守信、遵纪守法、爱国敬业等品质;高层次的目标则提升为"如何做一个高尚的人",也就是要求学生树立远大的理想,具有为国家、为人民无私奉献的精神,具有为人民服务的高尚品质。目前,德育教育要把抓好基础层次的道德教育放在

首位，也就是培养学生基本的人格修养和公民道德，分阶段、分层次，循序渐进，使学生更好更快地向更高层次的道德目标迈进，实现立德树人。具体而言，在德育目标上要有坚定的政治方向和政治态度，坚持中国特色社会主义道路，要有为实现中华民族伟大复兴的中国梦而奋斗的政治素质；要有正确的世界观、人生观、价值观，自觉承担历史使命和时代责任的思想素质；要有遵守社会主义道德规范、继承发扬中华民族优秀道德传统、树立社会主义道德风尚的道德素质；要有积极认知能力、健全人格、良好自我调节能力和社会适应能力的健康的心理素质，从而促进学生全面成长成才。

2.优化德育环境

德育环境指的是对德育实施和效果发生影响的各种外部因素，由宏观环境和微观环境组成。宏观环境主要是意识形态领域对德育产生的影响范围，包括社会环境、家庭环境和网络环境等；微观环境指的是学校内部环境，由教学环境、校园文化环境、管理环境、服务环境等构成。学校的德育教育主要是通过微观环境，将德育渗透在学校各个环节，通过教书育人、管理育人、服务育人，对德育对象产生潜移默化的影响，以达到德育教育的目的。[①]

（1）优化德育宏观环境

我国高度重视德育教育，积极引导学生正确认识国际、国内形势，营造良好的舆论氛围，运用新媒体加强网络教育，净化网络，对社会现实问题加以分析和探讨，有针对性地为学生解惑答疑，提高学生辨别是非的能力。此外，要重视家庭教育。因为家庭教育对学生的成长成才起着至关重要的作用。当前，重智轻德的观念在家庭教育中是普遍存在的。因此，学校要和家庭加强联系，转变家庭教育观念，优化学生成长环境。

（2）优化德育微观环境

学校要加大校风、教风和学风建设力度，积极开展文明有益的校园文化活动，营造育人氛围，净化校园环境，积极培育学校精神，加强人文关怀，强化校园的制度文化，切实加强校园环境建设。充分调动全体教职员工的积极性，真正实现全方位、全过程、全员育人，充分发挥宣传舆论的导向和宣传作用，创造良

[①] 李香善.高校德育环境的优化[J].教育理论与实践，2014：33-35.

好的育人环境。

（四）创新德育理念，把社会主义核心价值体系融入学校德育工作

1.创新德育理念

德育教育要紧密结合社会实际，更新德育理念，树立以人为本的德育理念。充分尊重学生的主体地位，转变观念，将学生的被动接受转变为主动学习。德育内容要贴近社会、贴近生活、贴近实际。教师在德育引导的过程中需要切实加强和学生的沟通与交流，加强人文关怀与情感投入，找准着力点，让德育教育既能够不断解决较深层次的思想问题，又能够解决生活中的实际问题，遵循德育教育的规律，融入社会主义核心价值观，引导学生学会主动选择，充分发挥自我教育能力。德育教育要通过一系列科学的、行之有效的方法、举措和途径，帮助学生树立新的德育理念，真正做到道德信念的内化于心、外化于行。

2.引导学生积极培育和践行社会主义核心价值观

加强社会主义核心价值观教育，是目前学校德育教育的重要任务。首先，应该把思政类课堂作为社会主义核心价值观教育的主阵地。教师在课堂上可以通过播放视频、案例讨论等方法，提高核心价值观教育的吸引力和感染力，让学生在课堂中自觉接受社会主义核心价值观的熏陶。其次，努力打造良好的校园文化氛围，将社会主义核心价值观融入校园文化。运用学生乐于参与的方式、感兴趣的做法，拓展教育渠道，使社会主义核心价值观成为广大学生的精神追求和自觉行动，并将社会主义核心价值观融入日常生活，使其无所不在、无时不有。例如，学校组织开展系列主题教育活动，充分利用社区等教育资源，建设德育教育基地，有目的、有计划地组织学生开展道德实践活动，注重体验教育，真正把社会主义核心价值观融入学生的日常行为，切实提高学生的道德素养。

（五）构建高校、社会、家庭三位一体的德育教育模式

1.抓住学校德育教育主阵地

可以说，学校教育是德育教育的主渠道、主阵地。目前，德育教育的开展

主要通过思政类课程的教学、学校的号召宣传、校园文化的浸润、德育工作者的教育引导。学校德育尽管存在不足之处，但是其作为德育教育主阵地的地位是不可否认的。我们应该深刻认识学校对学生的培养作用，积极创新教育模式和教育手段，加大投入，真正发挥学校在德育教育中的主体作用。学校党委应该提高认识，完善德育教育工作体制，构建"全员育人、全方位育人、全过程育人"的格局，实行常规教育和专题教育相结合的教育模式，并针对不同学生的特点，分阶段、分年级进行。此外，其他学科或专业课教师要充分挖掘课程中的德育因素，有机渗透德育内容，强化学科的德育功能，积极开展专业实践活动，融入人生理想、完善品格、社会责任等方面内容的教育，不断丰富学校德育教学内容、教学方式和教学手段，将其应有的作用发挥出来，提高德育教育的实效性。

2.加强社会德育正向引导

社会对学生德育教育的影响是巨大的、无形的。我们要充分意识到社会这个大环境的作用，把社会作为学生德育教育的基础，积极营造良好的社会舆论氛围，加强社会公德、社会责任、公民意识的教育引导，多传播正能量，树立正确的荣辱观，让学生更好地感受社会这个大环境所营造的德育氛围；国家要加强对主流媒体的监管，清理网络空间，及时遏制网络中不良信息的传播，弘扬正气，营造良好的舆论氛围；通过社会考察、社区服务等社会实践形式增强教育效果，积极挖掘社会中的德育资源，发现典型，树立典型，发挥榜样示范作用，聘任模范的校外兼职辅导员对学生开展德育教育；积极联系爱国主义教育基地、德育实践基地、社区等德育教育基础场所，开展德育实践活动，让学生主动挖掘身边的好人好事、道德模范，有利于学生接触和了解社会，有利于学生道德观念的形成，并外显为其行为。

3.强化家庭德育教育

家庭教育是德育教育不容忽视的重要渠道。由于父母、子女之间的血缘关系，家长和子女之间有着密切的情感联系，父母可以通过言传身教对学生进行德育教育，起到学校和社会无法替代的作用。家庭教育虽然具有独特性，但是由于不同家庭文化层次的不同、家长素质的不同，教育模式也是不同的，存在随意性和盲目性。因此，家庭德育教育需要学校理性的教育加以引导，学校应加强和家庭的沟通与联系，建立有效的合作机制。例如，建立家校联合制度，让学生家长在新生报到、学年结束、毕业典礼等适当的时机来学校参观考察，了解学校的办学模式和教育重点，积极关注学校网站，了解学校的发展动态、学生的学业水平、在校表现等；通过建立家长联系微信群、设立家长委员会等，及时与家长取得联系和沟通，反馈学生的在校表现，特别是一些学困生、贫困生和心理存在问题的学生；通过召开家长代表座谈会、网络视频会谈、电话访问等方式，加强和家长的沟通与联系，形成家庭教育与学校教育的良好互动机制。

| 第二章 |

思政类课程的德育功能

第一节　思政类课程德育功能分析

一、思政类课程和德育的关系

（一）思政类课程是德育的主要载体和实现形式

思政类课程是德育的重要载体，其实施效果对学生思想道德品质具有重要影响。从课程性质来看，思政类课程是一种直接对学生进行马克思主义理论和思想品德教育的德育课程，它的设置符合马克思主义意识形态的要求，反映我国学校的社会主义本质。从课程内容来看，思政类课程主要对学生进行马克思主义理论教育，主要目的在于培养学生形成马克思主义思想观念，坚定为共产主义奋斗的理想信念，提升思想政治素质。从课程的教学过程来看，思政类课程的教学活动是一种有计划、有目的、系统地对学生施加教育影响，促进学生思想道德素质发展的意识形态的认识过程。因此，无论从课程性质、课程内容，还是教学过程来看，思政类课程是一门德育课程，是德育的重要载体和实现形式。

（二）德育是思政类课程的重要目标

一般来说，德育课程有三种主要模式，即德目主义的直接德育课程、全面主义的间接德育课程和隐性德育课程。德目主义指的是一种各级各类学校按照法定程序，根据社会需要强制性编制一些"德目"（勇敢、智慧、诚信、节制），让受教育者学习和践行的课程模式。走德目主义路线的国家以显性教育方式为主，通过直接设置思政类课程传授社会价值观。走全面主义路线的国家不开设独立的德育课程，而是凭借其他学科、学生的课外活动、职业训练和生活指导等间接的方式提高学生的政治思想道德品质。隐性德育课程在多种形式的政治活动、文化活动中开展价值观教育。思政类课程作为德目主义课程的重要载体，将教育者和受教育者有机结合起来，对受教育者进行思想道德教育。学校德育工作的目标不仅在相当程度上体现着国家、社会的要求和期望，也反映了教育者和受教育者的要求和需要。我国学校的德育目标是使学生热爱社会主义祖国，拥护党的领导和党的基本路线，确立献身于中国特色社会主义事业的政治方向。努力学习马克思主义，逐步树立科学世界观、方法论，走与实践相结合、与工农相结合的道路，努力为人民服务，具有艰苦奋斗的精神和强烈的使命感、责任感，自觉地遵纪守法，具有良好的道德品质和健康的心理素质，勤奋学习，勇于探索，努力掌握现代科学文化知识，并从中培养一批具有共产主义觉悟的先进分子。

二、思政类课程具有德育功能的必要性

（一）思想政治发展的现实需要

1.社会转型的诉求

改革开放以来，随着我国社会主义市场经济体制的逐步确立，我国的经济、政治、文化和社会受到了深刻影响，人们的思想观念也从根本上悄然发生改变。一方面，市场经济以市场为基础，强调按照价值规律办事，认可追逐个人的正当利益，促进了经济的迅速发展和社会进步，人们的竞争意识和效率意识得到增强，民主法治观念深入人心，为推进思政类课程实施教学改革创造了物质条件；另一方面，由于市场经济以追求经济利益为根本目的，具有自发性、功利性和盲目性等特点，一定程度上给人们的思想和价值观念带来了冲击，影响人们的道德判断和道德行为。与此同时，社会转型给思政类课程发挥德育功能带来的影响无法回避，道德生活和道德教育实际上被日益边缘化，给思政类课程教学带来了严峻的挑战。

2.课程改革的呼唤

发挥思政类课程的德育功能，不仅是其德育目标的应有之义，也是推动课程改革的重要举措。理想和现实之间常常存在偏差，有的学生没有真正理解课程内容，教师单一的教学方法没能激发学生的创造潜能，对学生综合素质的提高也是不利的。基于此，思政类课程需要在理念、内容、模式和方法上进行创新，以学生发展为本，促进学生全面发展，实现德育目标，发挥德育功能。

3.互联网时代的挑战

随着互联网技术的飞速发展，人们的生活方式、思维方式和交流方式都发生了很大的变化。互联网对思政类课程的教学内容、教学方式等也产生了影响。一方面，互联网丰富了思政类课程的教学内容，为其提供更为丰富的教学资源。慕课等互联网教学方式的出现，改变了传统的教学方式，提高了思政类课程德育功能的实效性；另一方面，互联网加速了信息传播的速度，促进了不同文化的交流和碰撞，道德条目急剧增加，学生的价值观选择性增多。互联网上的一些错误的、反动的信息对学生正确价值观的形成产生了负面影响，给学校思政类课程德育功能的发挥带来了巨大的挑战。

（二）德育和思政类课程发展的客观要求

德育功能，是德育价值的体现，是德育的作用方式。追求德育的最佳效果、充分发挥德育功能，是德育的本质。人对自身的需要是个体的知识能力和德性德行，前者帮助自身在自然界获取价值物，后者使人在社会生活中获得善良的本性。德育促进德育对象思想政治品德的养成，是德育之所以存在的前提，是德育社会价值的体现。教育的目的是培养人，使人成为人，是人性的觉醒和教育本质的回归。充分发挥思政类课程的德育功能，和德育相契合是思政类课程发展的需要。坚持德育和思想政治教育相结合，不仅能够帮助学生养成良好的道德素质、践行德善的行为，而且能够帮助学生形成正确的思想观念。这不仅是思想政治教育奉行的原则，也是思政类课程发展所需。和德育结合起来，丰富思政类课程的功能和价值，充分发挥其德育功能，增强其实效性，在发展中坚定正确的方向。

三、思政类课程德育功能的内涵

（一）政治引领功能

1.马克思主义认识导向

（1）增加马克思主义理论和相关知识，实现马克思主义认知建构

思政类课程契合体现学生思想政治教育的内容，是作为主渠道的责任担当。思政类课程始终体现鲜明的政治方向性，结合社会发展的新要求，依托马克思主

义中国化的最新成果，坚定马克思主义理论的真理性、进步性和科学性。马克思主义中国化的最新成果的讲授有助于增加学生马克思主义理论和相关知识，使学生明晰党在各个时期的基本路线、方针和政策，了解马克思主义中国化理论是如何与时俱进创新发展的，引导学生逐步树立正确的政治立场和思想政治观点，实现马克思主义认知建构。

（2）建立马克思主义的世界观、人生观和价值观

马克思主义世界观第一次科学地阐明了人类社会发展的基本规律，为人类正确认识自身开辟了道路，是科学人生观、价值观的坚实基础。思政类课程将马克思主义理论常识化、系统化和通俗化，着眼于具体的马克思主义实践行为，深入浅出，引导学生树立正确的科学的世界观、人生观和价值观，在实践的基础上逐步掌握马克思主义理论，克服唯心主义和形而上学思维方式的弊端，抵制拜金主义、享乐主义等腐朽思想的侵蚀，正确认识和处理个人和国家、社会的关系，引导学生在为人民服务的过程中实现人生价值。

（3）形成唯物辩证的思维方法

马克思主义哲学辩证地认识人与自然、社会以及整个世界的根本关系，是科学的思维方法。思政类课程通过教授马克思主义唯物辩证的思维方式方法，提供多种科学的思维方法，如归纳与演绎、分析与综合、抽象与具体和逻辑与历史相统一的方法，引导学生学习和进一步运用马克思主义的基本理论和方法，通过掌握马克思主义思维方式方法，并在实践中熟练运用，培养学生的辨别能力和独立思考能力，分析问题，解决问题，指导实践。

2.社会主义意识形态认同

思政类课程的社会主义意识形态认同功能，即通过课程的方式帮助学生树立马克思主义的政治方向和价值取向，提高学生的政治素质。思政类课程的德育功能聚焦在社会主义意识形态认同功能上主要体现在以下两点：①培养学生社会主义政治意识；②引导学生政治行动。

（二）道德教化功能

1.道德认知导向

学生道德认知依赖于学校的培养。高校思想政治理论课程以马克思主义为指

导，综合利用思想道德知识，依据大学生成长成才的基本规律，开展社会主义道德教育。在教学过程中不断加深学生对客观道德事实的了解，形成全面的道德知识结构，整体提高思想道德素质，引导学生自发地进行道德实践，进一步解决学生在成长成才过程中遇到的实际问题。正确的道德认识是践行良好道德行为的基础，没有道德认识也就不可能进行任何道德意识活动。学生只有在具备良好的道德认知水平的基础上，才能做出正确的道德选择。作为提高学生思想道德素质和道德行为的重要途径，思政类课程通过理论课程教授和社会实践开展相结合，明确公共生活领域、科学研究领域和网络运用领域等的道德规范，启发学生学以致用，引导学生知行统一，深化道德认知，践行道德行为。在道德实践中培养良好的道德品质，在学校、家庭、社会坚持和弘扬社会主义道德，自觉遵守公民基本道德规范，在道德实践中深化道德认识。

2.道德情感升华

道德情感是对于客观的道德事实、现象是否符合主体需要的一种情绪体验。[1]思政类课程通过对学生进行集体主义观念、社会公德、职业道德、家庭美德等方面的教育，帮助学生树立为人民服务的宗旨，促进学生的道德情感向更高层次升华。思政类课程通过基本道德规范约束学生的日常行为，促进学生将基本道德规范内化为自身的道德意志，鼓舞学生艰苦奋斗、诚实守信，培养学生积极的道德情感，养成高尚的道德情操。思政类课程重视学生的道德情感、意志、信念、信仰和理想等方面的发展和培养，满足学生高层次的道德需要，发展学生自觉坚强的道德意志，形成强烈坚定的道德信仰，树立崇高科学的道德理想，从中体验到满足、快乐和幸福，获得精神上的享受和愉悦。

---

[1]鲁洁，王逢贤.德育新论[M].南京：江苏教育出版社，2010：202.

第二节 思政类课程德育功能变迁

一、政治引领功能的变迁

（一）单一的政治教化功能

从性质上看，我国思政类课程实质上是国家本位的，是一门强调意识形态政治教育的课程。同时，思政类课程也是育德的，以学生思想领域和道德品质为重点，是培养学生形成良好品德、正确的思想政治素质和健康的心理品质的实践方式。在中华人民共和国成立后的一段时期，国家对所处的社会发展阶段认识还不够客观，教育的一切都是为了共产主义社会。这个时期，我国在教育方面"一边倒"地向苏联学习，借鉴苏联教育建设的先进经验。社会主义改造时期，经济上国营经济领导的多种经济成分并存，政治上新生的人民政权尚需巩固，思政类课程设置处在"摸着石头过河"的状态，对教材、学时安排、方法手段和师资分配等的认识和实施还不明确。纵观这一时期思政类课程的发展，仍然以政治教育为核心。虽然重视学生的政治觉悟和行为表现，但是忽视民族精神和传统道德文化的传承，片面强调思政类课程的政治教化功能，将德育功能政治工具化发挥到极致，思想政治教育走向泛政治化。经过一段特殊时期，思政类课程单一的政治教化功能得到强化。

（二）政治功能转向为经济服务

十一届三中全会以来，中国共产党的工作中心逐步转移到经济建设上来。坚持改革开放、大力发展生产力成为这一时期的主要工作，也是全国人民面临的最大政治任务。随着改革开放的逐步深入，社会思潮日益多元化，学生的心理特点也发生了变化，社会主义政治、经济、文化的发展对我国的教育提出了更高的要求。"新三门方案"（思想品德教育，包括职业道德教育、身心健康教育和就业准备教育等课程）一方面以马克思主义普遍原理同中国具体实际相结合为指针，阐述建设有中国特色的社会主义的规律和中国特色社会主义理论为主要内容，旨在树立学生国家自信，增强学生爱国主义情感。以时事教育为主要内容，开阔学生的国际视野，坚定社会主义立场。另一方面，社会主义现代化建设对学生思想道德素质提出了更高的要求。政治是经济的集中表现，教育要为经济建设服务，就要培养社会主义市场经济需要的人才。这个时期，思政类课程为突出这个核心，将道德教育、思想教育和政治教育密切同市场经济结合起来，以市场经济所需要的人才为培养目标进行改革，推动社会经济改革和发展。思政类课程单一的政治功能转向为经济服务。

二、道德教化功能的变迁

（一）从注重单一的道德教育功能转向道德教育和法制教育功能并重

加强学生思想政治教育对我国社会主义事业的前途和命运有着特别重要的意义。我们党必须从培养社会主义现代化建设和共产主义事业接班人的战略高度出发，做好学生的思想政治教育工作。共产主义道德基础是为共产主义事业而奋斗的起点。注重共产主义思想道德的培养是适应改革开放新形势的重要战略任务。随着社会主义市场经济的建立和发展、社会转型带来的传统价值失范和价值真空，整个社会意识形态、组织结构、人们的思想道德观念、价值观念、文化价值取向等无可避免地打上了市场经济的烙印。人们思想的变化对道德建设提出了新的要求。因此，道德建设必须和社会主义市场经济相适应，大力加强社会主义法治建设，以约束人们的行为，规范市场秩序。思政类课程作为道德教育的主阵地，急需变革。1998年，中宣部、教育部印发了《关于普通高等学校"两课"课程设置的规定及其实施工作的意见》的通知，对思政类课程改革提出了意见，形成思政类课程改革的"98方案"。"98方案"对"两课"设置进行更为系统和全面的规定，设置独立的《思想道德修养》和《法律基础》，作为必修课程。《思想道德修养》主要以为人民服务为宗旨、以集体主义为原则对学生进行社会主义道德教育，以及中华优秀传统道德和革命传统教育，培养学生高尚的理想情操和良好的道德品质，树立体现中华民族特色和时代精神的社会主义价值标准和道德规范。主要内容包括学生的历史使命和成才目标、培养良好的道德品质、继承和弘扬优良的道德传统、弘扬社会主义道德等。《法律基础》作为对学生进行社会主义法制教育的课程，帮助学生了解宪法和法律法规的制定精神和基本规定，增强学生法治观念，提高学生的法律意识。主要内容包括宪法法律制度、民事法律制度、我国社会主义法的基本理论等。思政类课程不断适应社会主义市场经济和社会主义道德建设提出的新要求，在坚持传统的道德教育功能的同时，转向道德教育和社会主义法制教育功能并重。加强对学生基本道德规范教育的同时，培养学生的社会公德、职业道德、集体意识和家庭美德，引导学生热爱国家和集体，自觉遵纪守法。

（二）从培养"社会主义新人"到"德育为先，全面发展"

1993年，《中国教育改革和发展纲要》明确指出，思想政治和品德教育的根本任务是培养有理想、有道德、有文化、有纪律的社会主义新人。为了使学生从思想觉悟、政治认知、思想观念都同党中央保持高度一致，这个时期的思政类课程始终以社会主义新人的培养为目的。"老三门方案"和"新三门方案"基本包括思想品德课程和政治理论课程两大类，以马克思主义基本理论教育、当代中国发展的马克思主义理论教育、中国革命史为中心的历史教育、思想品德教育为主要内容。

随着社会主义市场经济的深入发展，我国的基本经济制度和分配制度发生了巨大的变化，人们的思想特点、思维方式日益多样化。学生的独立意识增强，创新能力有所提高，但是伴随着不同程度的政治信仰迷茫、公共道德缺失，社会责任感缺乏、集体意识淡薄、功利主义倾向等负面的心理特点也日益凸显。市场经济的深入发展对教育提出了更高的要求，学生全面发展是教育的根本目标。1995年，国家教委颁布了《中国普通高等学校德育大纲（试行）》，提出高等学校的根本任务是培养德智体等方面全面发展的社会主义事业的建设者和接班人。2004年，中共中央、国务院颁布的《关于进一步加强和改进大学生思想政治教育的意见》中，明确加强和改进学生思想政治教育的"四以"主要任务，包括以理想信念教育为核心，以爱国主义教育为重点，以基本道德规范为基础，以大学生全面发展为目标。面对这些变化，作为学生思想政治教育的主渠道，思政类课程坚持与时俱进，紧跟时代的发展做出调整。党的二十大报告指出："办好人民满意的教育。教育是国之大计、党之大计。培养什么人、怎样培养人、为谁培养人是教育的根本问题。育人的根本在于立德。全面贯彻党的教育方针，落实立德树人根本任务，培养德智体美劳全面发展的社会主义建设者和接班人。""98方案"和"05方案"构成了严密的课程体系，促进学生在知识、道德和能力方面得到全面发展。党的二十大报告为我们培养德智体美劳全面发展的社会主义建设者和接班人指明了方向。

第三节 思政类课程德育功能的不足之处和提升策略

一、思政类课程德育功能的不足之处

（一）教学内容缺乏大众化

思政类课程作为国家政治课程，通过将统治阶级的意识形态内容转化为课程内容，对学生进行统治阶级意识形态教育。因此，思政类课程的课程目标决定教材教学内容的选择。我国思政类课程以培养合格的社会主义建设者和接班人为目标，课程内容必须体现广大人民群众的意志，反映马克思主义的意识形态。思政类课程的教学内容没有贴近生活实际，不能和学生的现实生活产生更多的交集，没有足够的吸引力。学生只是被动地接受，无法产生共鸣，难以对学生的思想观念产生更加深刻的影响。

（二）教学方法单一

思政类课程的教学方法指的是在教学过程中，为了实现教学目的、达到教学效果，教师和学生所采用的教授方法和学习方法。素质教育是对传统教育的批判式继承，改变传统的"以教师为中心、以课堂为中心、以教材为中心"的"满堂灌"的方式，不仅是实施素质教育的要求，也是增强思政类课程德育功能实效性的前提。目前，思政类课程仍以课堂教学为主，教学方式刻板单一，师生之间缺乏交流和互动，社会实践缺乏课程标准。随着互联网技术的广泛运用，有的教师注重丰富教学方法，但教学效果并不理想，学生在课堂上没有主体地位，逐渐对思政类课程失去兴趣，其德育功能效果自然不佳。

（三）教师素质有待提高

目前，有的思政类课程的教师教学设计能力不强，课程组织能力低，学生

和教师的交流少，师生关系疏离，教师整体能力素质不符合学生的期待。网络化时代加速了信息的传播，学生能够通过网上学校、慕课微课等线上教学课程获得知识，教师在这方面接收的信息可能不如学生多，对于学生提出的一些敏感的政治问题，有的教师立场不坚定，难以给出令人信服的回答，教师的权威受到了挑战。全球化使得中西文化的价值冲突更为激烈，不仅影响学生的身心健康，对教师的思想观念也带来了影响。

（四）教学评估较注重终结性评价

教学评价是依据教学目标对教学工作质量所做的测量、分析和评定，包括对学生学业成绩的评定、对教师教学质量的评定和对课程的评价。思政类课程教学评估关注课程建设的目标、内容、方法、途径、手段、载体等多种要素的合理性，实际教学效果如何，教学内容是否有效地转化为学生思想政治素质和综合素质。作为思政类课程的衡量尺度，教学评估制度应该不断完善，有针对性地提高课程的实效性。但是，目前思政课程的评价目标、评价内容、评价方法等存在不足之处。首先，由于思政类课程教学内容难以量化，对于学生思想道德素质的提高很难看到立竿见影的效果，学校在考核评估中常常简单地将高层次的指导思想和根本目标作为课程教学评估过程中的具体标准。[1]其次，评价内容侧重学生的学习成绩，比较注重硬性知识的掌握熟悉程度，评价方式仍然是考试，忽略了课程内容转化为学生思想政治素质的评估。最后，对于课程的评价，依然以传统的师生问卷调查、填表打分、座谈会为主，难以全面反映思政类课程的全貌，不能深入反映思政类课程德育功能的实际效果。

二、思政类课程德育功能的提升策略

（一）增加课程认同感

1.增加实践教学

对于个体而言，学生社会经验不足，政治认同偏向感性判断，独立思辨能

---

[1] 武东生.思想政治理论课教学改革过程中应思考的若干问题[J].清华大学学报，2005（01）：27.

力不强，对于纷繁复杂的信息难以正确地鉴别；对于外部环境而言，信息化社会带来了多元思想文化的碰撞。由于对国内外政治情况不了解，学生表现为对思政类课程认同感低。目前，思政类课程的教学以课堂教学为主，但是实效性低。因此，我们有必要增加实践教学。实践教学指的是按照学生思想政治教育的要求通过各种实际活动，让学生通过直接经验去感受课堂教学内容，从而提升思政类课程教学效果的一种教学方法。①例如，参观爱国主义教育基地、撰写实践报告、部门实习等。一方面，通过行为深刻体会马克思主义理论、马克思主义中国化最新成果，增加对党和政府执政方针和现行政策的了解，在实践中检验其真理性；另一方面，直接经验的增加有助于增进师生间的关系，促进师生间的互动，引起学生的共鸣，提高思政类课程的德育效果。

2.结合隐性思政类课程

隐性思政类课程主要包括知识性隐性思政类课程、活动性隐性思政类课程、以校园物质环境和文化环境为渠道的隐性思政类课程和以制度为载体的隐性思政类课程。隐性思政类课程通过间接的、内隐的方式无意识地影响学生的道德情感、意志，并转化为学生的道德行为、政治行为，使其养成良好的品德、行为和习惯，起到"润物细无声"的作用。增加以学生为主体的各种校内外活动，达到学生道德自我教育的目的。通常情况下，文化环境包括校园风气、教师人格、师生关系、班级氛围等。通过建设和引导文化环境，使学生在观察模仿中无意识地形成良好的思想道德素质。学校的规章制度间接地对学生的道德行为、政治观念产生影响。建立健全学校的管理体制、提高学生作为道德主体的参与度，能够增加学生对学校教育的认同，自觉践行道德行为。

（二）丰富教学内容

1.完善教材建设

高质量的教材是提升思政类课程教学效果的必要保证。教材内容符合学生的思想特点、心理素质和身体特征，贴近生活，通俗易懂，是增强思政类课程德

---

① 王朝正.当前高校思想政治理论课的实效性研究[D].长沙：湖南师范大学，2013：43.

育效果的前提。思政类课程教材要具备教育性、时代性和可行性。教材建设不是简单增减教学内容,而是结合社会主义现代化建设的实际情况以及学生心理素质发展的特征,不断完善和更新教材内容,加强教材内容之间的联系。根据学校校园文化的特点,大力开发校本教材,将教育部统一教材和校本教材有机地结合起来,并结合学生的学习和生活,使学生更加深刻地理解课程内容。在教学中,教师要从整体上把握教材的内在逻辑和联系,结合时事热点,提高课程对学生的吸引力,从而提高思政类课程的教学效果。

2.贴近生活实际

教学内容的丰富与否和思政类课程的吸引力有着直接的关系。无论是西方,还是中国的早期哲学,在伦理学中都倾向于生活观点,至少是力图从生活观点来引出社会观点。[1]思想政治教育要以生活为本,体现人们日常社会生活的需要。教学内容要与时俱进、与现实生活接轨、紧扣时代主题、把握时代脉搏,以人们普遍关注的涉及切实利益的实际生活问题为线索,提高学生对思政类课程的兴趣。联系改革开放和社会主义现代化建设的实际,将马克思主义中国化的最新成果纳入教学内容,引导学生分析和思考生活事件,逐步树立马克思主义的观点和方法,坚定中国特色社会主义理想信念。

(三)改进教学方法

1.坚持理论联系实际

信息化时代要求思政类课程教学充分发挥多媒体的优势,克服传统课堂讲授的局限性,达到活跃气氛、提高课堂效率的目的。鼓励学生运用信息技术学习思政类课程,以实现思政类课程理论性和实效性的统一。要时刻把握时代脉搏,关注时事,紧跟时代步伐,丰富和更新教学内容,坚持理论联系实际,使理论教学富有生命力、说服力和感染力。教师不能照本宣科,要活用教材,以教材为出发点,以社会主义现代化建设为素材,进行针对性的思想政治教育,提高学生利用书本知识分析问题、解决问题、学以致用的能力,以提升思政类课程的德育效果。

---

[1]赵汀阳.论可能生活[M].北京:生活·读书·新知三联书店,1994:10.

2.特定教学方法多样化

针对思政类课程教学方法一成不变的问题，教师可以进行如下操作：将单向的注入式教学转变为互动的启发式教学，课堂讲授和多种教学形式结合起来，充分运用新兴教学载体等现代教育技术，利用新媒体丰富教学手段等。对于各门思想政治理论课程，因"课"制宜地选择合适的教学方法。各种教学方法具体问题具体分析，有机融合，从而提高思政类课程的德育效果。

（四）提高教师队伍整体素质

思政课程教师要不断加强学习，优化自身学科知识结构，努力改进教学方法，逐步提高教学能力，提升思政类课程教师队伍整体的教学能力。加强教师专业化建设，适当提高教师待遇，完善激励机制和保障机制，优化师资队伍。加强师德建设和提高教师的专业能力和专业素养，创新教学方法，增强科研能力，提升教学质量。不断加强对中国特色社会主义理论的学习，起到良好的榜样作用，做到以德服人、以理服人，成为师德高尚的知识传授者、课堂管理者和教学研究者。

（五）完善教学评估体系

教学评估体系必须健全系统地反映影响思政类课程发挥德育功能的因素，避免以偏概全，以评价思政类课程德育实效性为重点，不断完善教学评估制度。教学评估内容应包括：①学生思想政治素质，主要考核学生对思政类课程教学内容、基本理论的掌握程度；②思想品德素养，主要考核学生的日常表现、道德行为和社会交往情况；③创新精神和创新能力，主要考核打破传统思维、批判性思考、理论运用于实际的能力。只有完善思政类课程的教学评估内容，才能更加科学全面地反映思政类课程的实际德育效果。此外，思政类课程的评价主体应该多元化，除了教师对学生的评价以外，还要包括学生之间的评价、学生自我评价以及家长对学生的评价，注重调动学生学习的主动性和积极性，使评价结果更加公平、公正、合理。

| 第三章 |

中华优秀传统文化融入德育教育

第一节 中华优秀传统文化综述

一、中华传统文化的内涵

在我们对中华优秀传统文化进行研究之前,需要弄清楚"传统"和"文化"分别是什么。一般情况下,人们说的"传统"是指一代一代传承至今的价值,以及活力不减、具有影响力的那些事物。希尔斯(Hills)是美国的社会学家,他撰写了《论传统》这本书。在书中,希尔斯是这样定义传统的:它是人类行为、思想和想象的产物,并且被代代相传。[①]他认为,传统除了物质载体以外,还有人们的观念、风俗和社会制度、人和事物的历史地位等意识层面。在我国的古代,文化一词便已产生。在古代,"文"指的是各色交错的纹理,"化"具有"改易,生成造化"的意思。"文"和"化"在西汉时期被组合到了一起,形成了"文化"这个词。"文化"和"自然"形成了对比,和"质朴""野蛮"等形成了反义。从直立之兽慢慢演变成和"天道"彼此联系、彼此区别的"人道"的过程,就是人类创造文化的过程。在这个过程中,人类进行了大量的实践。人类不断地适应自然,并学会利用和改造自然,从而实现了自身的价值观念。不仅自然的面貌和形态发生了变化,而且人类在个体和群体素质方面,比如生理和心理、自律和律人、工艺和道德等,也得到了提高和发展。一言以蔽之,凡是超越自然本能的、人类有意识地作用于自然界和社会的一切活动及其产生的结果,都可以纳入文化的范畴。也就是说,"自然的人化"就是文化。[②]

在了解了什么是"传统"和"文化"以后,我们就来谈下什么是传统文化。传统文化指的是人类社会发展的历史积淀并且渗透于一个民族整体的意识、行

[①][美]希尔斯著,傅铿,吕乐译.论传统[M].上海:上海人民出版社,1991:22.
[②]张岱年,方可立.中国文化概论[M].北京:北京师范大学出版社,2004:3.

为之中,世代传递、流动的最具生命力的文化。[①]基于以上三个概念,我们可以这样理解中华传统文化:中华民族所创造的具有持久生命力的文化,是中华民族历史上各种思想意识、观念形态的总体特征,反映着中华民族的特质和精神风貌。[②]

要想系统地将人类的文化传承下去,我们必须利用教育这一手段。教育能够继承传统,一个民族可以根据自身的实际情况,运用特定的教育方法将人类发展的历史一代一代地传承下去。通过教育这种手段,文化在社会个体、群体之中得以传递,从而形成了特定的、固有的思维习惯、心理倾向、审美意识和道德准则等,再经过一代又一代人的传承慢慢积淀下来,并凝聚为传统。弘扬中华传统文化是我国教育事业一项重要的任务。《中华人民共和国教育法》第一章总则的第七条明确规定,教育应当继承和弘扬中华民族优秀的历史文化传统,吸收人类文明发展的一切优秀成果。那么,什么是中华传统文化教育呢?它是指将中华传统文化的知识传授给受教育者的过程。其教育内容十分广泛,以儒家思想体系为主题内容。传统文化教育传播传统文化,影响着一代又一代的人,而每一代人在发展过程中又对传统文化进行新的解读和发展,产生新的文化,促进本民族文化的不断发展。

二、中华优秀传统文化的内涵

中华优秀传统文化是在五千多年的历史传承中孕育的,它积淀着中华民族最深层的精神追求,代表着中华民族独特的精神标识,是中华民族生生不息、发展壮大的丰厚滋养。具体来说,中华优秀传统文化既包括仁者爱人、立己达人的关爱,又包括天下兴亡,匹夫有责的家国情怀;既包括以爱国主义为核心的民族精神,又包括正心笃志、崇德尚善的人格追求。中华优秀传统文化以经史典籍、文学艺术、礼仪制度等多种形式为载体,生动鲜活地体现着中华民族的精神气度和突出优势,在促进中华文明延续和发展的同时,更对人类文明和社会进步发挥了重要作用。因此,中华文化无疑是最具有生命力的文化。这是因为其跨越数千年悠久历史,却能一脉相承、绵延至今。在整个人类文明史上独一无二。时至今

---

① 戴静.略论思想政治教育与传统文化[J].现代商贸工业,2007(01):62-63.
② 龚贤.中国传统文化概论[M].北京:中国出版集团,2001:7.

日，仍然能为我们提供强大的精神滋养。当今时代，推进中国特色社会主义文化的发展繁荣也必将从中华优秀传统文化的丰富内涵中汲取营养。

三、中华传统文化的基本精神

中华传统文化的基本精神是一种内在的动力，它能够推动和指导中国文化发展。理解了中华传统文化的基本精神可以帮助我们更好地理解中华优秀传统文化的内涵。很多学者都对中华传统文化的基本精神进行了深入而细致的研究，并进行了总结。张岱年认为，刚健有为、崇德利用、和与中、天人协调是中华传统文化的基本精神的四个方面。在《中华人文精神》这本书中，张岂之将中华传统文化的基本精神分为七个方面，即人文化成——文明之初的创造精神、刚柔相济——穷本探源的辩证精神、究天人之际——天人关系的艰苦探索精神、厚德载物——人格养成的道德人文精神、和而不同——博采众家之长的文化会通精神、经世致用——以天下为己任的责任精神、生生不息——中华人文精神在近代的丰富与发展。[1]在查阅了大量的文献资料后，并基于前人的研究成果，笔者将中华传统文化的基本精神归纳为以下四个方面：

（一）"自强不息"的进取精神

炎黄子孙"自强不息"的精神，使得中华民族能够生生不息，使得中华文化代代相传。《易经》不仅是群经之首，也是大道之源。《易经》中有这样一句话："天行健，君子以自强不息。"它告诉人们，一个人要有如同天一样坚忍刚毅、永不停息的品质。《论语》是儒家的经典著作，其中有这样一句话："士不可以不弘毅，任重而道远。"强调了有志向的人应该宏大而刚强。在中华传统文化中，"自强不息"占据着重要的位置。在漫长的历史长河中，有多少仁人志士都是在"自强不息"的激励下披荆斩棘、勇往直前。它早已成为一代又一代中华好儿女奋发图强的重要原则。回望中华民族的历史，刚健有为、自强不息的例子举不胜举。《史记·太史公自序》中记载："昔西伯拘羑里，演《周易》；孔子厄陈、蔡，作《春秋》；屈原放逐，著《离骚》；左丘失明，厥有《国语》；孙子膑脚，而论兵法；不韦迁蜀，世传《吕览》；韩非囚秦，《说难》《孤愤》；

---

[1]张岂之.中华人文精神[M].西安：西北大学出版社，1997：20.

《诗》三百篇,大抵贤圣发愤之所为作也。"尽管仁人志士身处困苦之中,但是他们依然奋发图强,不怨不艾,把自己的境遇当作一种磨炼,留下许多激励后人的故事,流芳百世。正是他们这种与逆境顽强抗争、永不停息的精神,使一代又一代的中华儿女能够在民族危亡的时刻,顽强拼搏、誓死抗争、永不放弃。新时代,我们应该继续传承中华传统文化的基本精神中的刚健有为、自强不息。作为国家的栋梁之材,未来肩负着建设社会主义的重要责任,大学生应该继承和发扬这种民族精神,使我国的各项事业向着更好的明天高质量地发展。

(二)厚德载物的兼容精神

张岱年曾说过:"中华民族的基本精神可以用《周易大传》的两句话来表达,即是'自强不息''厚德载物'。"[1]由此可见,在中华传统文化中,"厚德载物"的思想占据着重要的地位。《易经》中的"地势坤,君子以厚德载物"这句的意思是"人们要时刻以大地般宽广的胸襟去承载万事万物,顺承天道"。此外,《中庸》中的这句"万物并育不相害,道并行而不相悖"也体现了中华民族宽阔的胸怀。"厚德载物"所表现的是包容万物的胸怀、淳厚的德性。这种精神不仅对人与人之间的和谐相处是有利的,而且有利于社会的和谐发展。和西方国家强调的竞争的文化比起来,中华民族的文化有注重和谐、爱好和平的文化特色,这与厚德载物的兼容精神有很大关系。中华民族就是在这种精神的影响下,不仅创造了辉煌灿烂的历史,还使自己的文化绵延不断,具有兼容并包的大国风范。这种兼容并包的精神使得中国这个具有五千多年历史的文明古国在发展的过程中不断地吸收其他国家和民族的优秀文明成果,为我所用,从而得以发展和强大,屹立于世界民族之林,大步迈向美好的未来。

(三)以爱国主义为核心的民族精神

中华民族是一个热爱和平、团结统一、自强不息、不屈不挠的民族,因此形成了以爱国主义为核心的民族精神。作为中华传统文化的核心,以爱国主义为核心的民族精神始终贯穿于我们这个民族的文明发展史中。一代又一代的中华好儿女高举这一旗帜,奋勇向前,体现了中华传统文化的人文精神。几千年来,在

---

[1] 张岱年.张岱年全集[M].石家庄:河北人民出版社,1996:4.

这种精神的感召下、鼓舞下，为了祖国的统一、领土的完整，无以计数的仁人志士将个人利益抛在脑后，他们头可断，血可流，从未退缩，英勇向前。这种民族精神使中华民族具有了"富贵不能淫，贫贱不能移，威武不能屈"的民族气节和"宁为玉碎，不为瓦全"的民族骨气。一代又一代的中华儿女将这种民族精神传承下来，无论遇到多大的风雨，中华民族都万众一心，砥砺前行，共渡难关，开创新篇。大学生成长在全球一体化的时代，理应具有爱国主义精神和铮铮傲骨。随着互联网的迅速普及，一些西方腐化的价值观进入我国，与我们这些传统的价值观产生了背离。因此，高校需要将弘扬爱国主义作为一项重要的教学任务，并将其放在突出的位置。高校向大学生进行中华传统文化教育，弘扬民族精神，可以培养他们的爱国主义精神和历史使命感。

（四）以仁爱为本的社会关爱精神

中华传统文化把人看作万物的中心，万事万物都由人来衡量。人是万物之首，一切问题都要从人的角度加以考虑。儒家是我国古代具有重要影响的学派。儒家始终反对以神为本，将希望寄托于人，而不是鬼神。东汉思想家仲长统认为，人们建功立业时要顺应自然，用天道指引人道，但天道是末，人道才是本。《达性论》是南北朝时期的一部著作，对神学进行了严厉的批判，主张以人为本。范缜所著的《灭神论》也主张人本主义，对神不灭论进行了彻底的抨击。和近代西方的人本主义相比，中华传统文化中的人本主义有着本质上的不同。中华传统文化中的人本主义把人放在社会中来考察，它将个人价值的实现、个体道德精神境界的提升，来促进社会的良性互动，在个人提升的同时促进社会的提升，社会的提升又不断促进个人的进步。每个人都处于社会、家、国一体的关系网络之中，相互关联、相互促进、相互制约，共同促进社会的正常运转和发展进步。[①]

（五）注重道德修养的人文精神

在中国古代，《大学》是读书人接触的第一本经典。《大学》具有启蒙作用，不仅确定了读书人的人生宗旨，还引领和指导中华民族关于修养方面的论述。《大学》将人的自我修养分为八个步骤，即诚意、正心、格物、致知、修身、齐家、治国、平天下。它主张通过自身的道德修养和自我约束，成为一个高

---

① 迪民.传统文化与智慧人生[M].西安：西北工业大学出版社，2012：171.

尚的人、有理想的人，与他人和谐相处，尊老爱幼，有社会责任和意识。很多人都是在这一德行修养传统的影响下，形成了崇高的道德品质，将毕生精力放在追求民族道德理想上，影响着一代又一代的中华好儿女。如今，高校需要培养具有综合素质的人才，这一追求完美的人格修养的传统对帮助大学生自觉抵御西方的拜金主义和个人主义，自觉养成正确的世界观、人生观、价值观，做一个社会主义"四有"新人，仍具有非常重要的意义。①

四、中华优秀传统文化在校园文化建设中的作用

（一）有利于弘扬社会主义核心价值观

无论是在思想上，还是在精神上，中华优秀传统文化和社会主义核心价值观具有一致性。我们通过对中华优秀传统文化的创新性发展和创造性转化，从而提出了社会主义核心价值观。除了为社会主义核心价值观提供思想源泉，中华优秀传统文化还为国家、社会和个人三个层面提供思想源泉。中华优秀传统文化在国家层面体现为民本、和谐的儒家思想，在社会层面展示出充满正义和道德的社会风貌，在个人层面彰显了爱国和待人友善的博大情怀。另外，中华优秀传统文化也为社会主义核心价值观提供教育载体、精神支持、价值支撑以及群众基础。②学校弘扬社会主义核心价值观需要从中华优秀传统文化中获得精神滋养。

（二）有利于汲取立德树人精神滋养

立德树人是学校的立身之本，贯穿于学校教育教学的全过程，中华优秀传统文化凝聚着中华民族五千多年的智慧，也蕴藏了立德树人的宝贵智慧。③中华优秀传统文化潜移默化地影响和制约着现在的中华儿女，也为我们创新文化提供了深厚的历史依据和现实基础。④今天我们虽然进入文化自觉的阶段，但是中华优秀传统文化中的精神财富在立德树人方面的作用依然不可小觑，它是学校开展

---

① 刘敏，徐晓杰.中国传统文化导论[M].哈尔滨：东北大学出版社，2014：21.
② 金丽馥.社会主义核心价值观视域下高校中华优秀传统文化教育路径探究[J].江苏师范大学学报（哲学社会科学版），2016（04）：108-112.
③ 张利明.立德树人与中华优秀传统文化关系论述[J].社会科学研究，2016（06）：143-147.
④ 张岱年，方克立.中国文化概论[M].北京：北京师范大学出版社，1997：9-10.

立德树人教育的历史依据。学校的文化功能急需解决以下几个问题："立什么德""如何立德""树什么人"和"如何树人"。在解决这四个问题的过程中，中华优秀传统文化是立德树人的精神源头，立德树人离开了中华传统文化是存活不了的，它只有继承中华传统文化，挖掘其中的当代价值，同时注重民族精神，结合当代价值，才能够存活。因此，学校需要从中华传统文化中汲取立德树人的文化精神，并对其进行创新性发展和创造性转化。

（三）有利于开展德育教育

弘扬和践行社会主义核心价值观可以通过德育教育得以体现。因此，中华优秀传统文化为德育教育提供了宝贵的精神财富。与此同时，中华优秀传统文化也为德育教育提供了正确的价值引领。[①]在德育教育教学中融入中华传统文化教育，不仅有利于教学目标的实现、教育内容的扩展与教学方法的丰富，而且有利于提高学生的思想修养与道德品质。[②]学校开展德育教育不能离开中华优秀传统文化，应以中华优秀传统文化为主要载体，探索构建更有效的德育教育机制，同时提升学生德育教育的文化内涵。

第二节　中华优秀传统文化融入德育教育现状和策略

一、中华优秀传统文化融入德育教育的必然性和可行性

（一）中华优秀传统文化融入德育教育的必然性

1.时代需要

在新时代这个起点上，面对着国内外严峻的发展形势，如何在全球化时代抵

[①] 丁宏.优秀传统文化与大学生思想政治教育融合探究[J].思想政治教育研究，2016（06）：97-100.
[②] 陈少平，陈桂香.高校中华传统文化教育与思想政治教育研究综述[J].思想教育研究，2016（06）：116-120.

御文化入侵，如何在大数据时代海量的信息中增强辨别是非的能力，都是我们需要解决的问题。作为从古至今中国人的价值体系和精神力量，中华优秀传统文化在新时代依然具有影响力。面对百年未有之大变局，我们需要深入认识和挖掘中华优秀传统文化，并不断创新中华优秀传统文化，实现其当代价值。通过对中华优秀传统文化的当代转化，提高学生的人文修养和道德修养，向世人展现中华优秀传统文化的当代魅力，从而增强文化自信，增强民族自豪感和认同感，提升全民文化素养，提高国家文化软实力，增强中国国际影响力。

2.社会需要

社会主义核心价值观是当代社会的"德"，它在道德层面上约束公民的行为。我国不仅要积极引导人们践行社会主义核心价值观，也要在全社会提倡学习中华优秀传统文化。千百年来中国社会的风俗习惯、生活方式、思想道德都受到中华优秀传统文化的影响。中华优秀传统文化以"德"为先。我们将中华优秀传统文化和社会主义核心价值观、当代中国精神结合起来，有利于建设文明和谐的社会环境。在树立良好的道德规范的同时，鼓励人们向善。

3.个人需要

在世界全球化的背景下，各国的文化交流越来越频繁，一些消极的思想也进入我国。基于此，个人对于道德价值的需求是十分强烈的。中华优秀传统文化蕴含深刻的道德理念和价值准则，潜移默化地影响着中国人的生活方式与行为方式，在社会的个人道德评判和价值取向标准上发挥着重要作用。新时代，传承和发展中华优秀传统文化，能够提升文化修养，提高辨别是非的能力，从而树立正确的世界观、人生观和价值观。

（二）中华优秀传统文化融入德育教育的可行性

1.核心教育理念相同

"立德""树人"两个词语的背后蕴含着一个亘古不变的深刻道理，即德是人之根本。这是融入中华民族血液里的传统教育理念。新时代，学校是人才培养的主阵地。学校要把学生培养成能够为国家和社会作出贡献的人，不仅要抓好专业知识，更要培养良好的道德品质。在这一点上，中华优秀传统文化和德育教育之间在核心教育理念上是一致的，也就是在教育过程中使"立德"和"树人"达到平衡。

2.功能相同

在功能上，中华优秀传统文化和德育教育是相同的。它们都在思想上培养人，引导人在一定的社会环境下如何生活。

（1）育人功能相同

中华优秀传统文化是中华民族五千多年来智慧的结晶，所蕴含的道德内涵和人生哲理是非常丰富的。在它的引导下，人们形成了正确的价值观。德育教育也能够使学生形成正确的人生观，培养学生的责任感和使命感，具备良好的道德品质，成为合格的社会主义接班人。

（2）价值导向功能相同

爱国、忠义、诚实、守信等中华优秀传统文化所蕴含的道德价值内容对人们具有价值引导作用——做一个明德守法、尊师重道的人。德育教育具有相同的价值导向功能，按照一定的原则和方法，引导学生树立正确的价值观，成为一名合格的社会公民。

（3）凝聚民族力量功能相同

中华优秀传统文化是中华民族宝贵的精神血脉，千百年来，历经磨难的中华民族凭借着坚忍不拔的民族精神战胜了一个又一个困难，中华优秀传统文化成为中华民族凝神聚气的精神财富。德育教育也同样担负着丰富学生精神世界、塑造坚毅品格的任务，让学生在德育中获得精神力量，勇于战胜困难，毫不退缩。

3.内容相同

爱国主义、人生哲理和理想信念等这些中华优秀传统文化所包含的内容，今天仍然有着非常强的现实意义，是德育教育内容的源泉。

（1）爱国主义是德育教育的核心内容

在每个人的心中，都根植着爱国主义。只有这样，才能推动中华民族不断发展和前进。在中华优秀传统文化中，爱国主义故事举不胜举，更有"天下兴亡，匹夫有责""苟利国家生死以，岂因祸福避趋之"等名句。这些故事和名句都向我们传达着不同年代的爱国主义思想，并激励着一代又一代的中国人努力奋进，建设祖国，也为德育教育提供了丰富的爱国主义教育内容。

（2）中华优秀传统文化和德育教育都注重正确的世界观、人生观和价值观的引导

中华优秀传统文化中有不少诗词都是讲求积极的人生态度和处世之道的。例如，"不畏浮云遮望眼，自缘身在最高层""居高声自远，非是藉秋风""欲穷千里目，更上一层楼"。这些诗句和德育教育内容有着相同之处，对培养学生积极的世界观、人生观和价值观有着重要的作用。

（3）青年人要早立志、立大志

中华优秀传统文化非常重视理想信念。"长风破浪会有时，直挂云帆济沧海""但愿苍生俱饱暖，不辞辛苦出山林"等体现了古人对理想信念的重视。可以说，古人是非常重视树立个人志向的。如今，德育教育积极引导学生树立正确的世界观、人生观和价值观，从而寻找自己的志向，并为之奋斗。

二、中华优秀传统文化融入德育教育的现状

（一）校园传统文化氛围逐渐浓厚但文化内涵不足

近些年，人们越来越重视中华优秀传统文化，并开始重新审视中华优秀传统文化在今天的价值和作用。基于此，学校在加强校园文化建设的同时，开展了丰富多彩的中华优秀传统文化进校园活动。有的学校在教学楼的走廊和图书馆设立了经典朗读区，学生可以朗读和录制他们所选的文学作品，并分享给其他学生。同时，学校不定期举办文化课程讲座和诗歌大赛，鼓励师生积极参与。在传统节日，学校也会组织相关的传统文化活动。上述举措，使学生在校园文化活动中感受中华优秀传统文化所蕴含的人文道德规范和文化修养。当然，由于受到时间、场地、规模的限制，有的学校在开展中华优秀传统文化教育活动时出现了一些不太好的现象，比如形式和内容不符、形式大于内容等。从总体上看，学校的中华优秀传统文化教育内容没有宏观规划，顶层设计不突出，组织力度不够，内涵挖掘不足，大多停在表面，形式过于简单。学生对中华优秀传统文化的理解不够深入，参与度不高，印象也不够深刻。

（二）中华优秀传统文化融入课程形式多但关联度不强

1.中华优秀传统文化和思政类课程相结合

思政类课程涵盖面广，是中华优秀传统文化融入学校课程的最佳方式。课程中可以适当加入中华优秀传统文化中关于爱国主义、个人理想信念的内容，帮助学生树立正确的世界观、人生观和价值观，使课程内容更加多样。

2.开设中华优秀传统文化课程

和把中华优秀传统文化融入思政类课程相比，学校开设中华优秀传统文化课程更具针对性。学校可以选修课或校本课的形式，专门讲解中华优秀传统文化。例如，学校可以开设中国思想史原典选读、中国文化等选修课或校本课供学生选择。课程通过对古代典籍背景介绍、相关篇章选读带领学生走进中华优秀传统文化，普及文化知识，在课堂的互动交流中让学生感受中华优秀传统文化的魅力，提升学生的道德水平和文化修养。从实践效果来看，各所学校对中华优秀传统文化融入高校课程进行了积极主动的探索，教学形式较之过去有所丰富，但是课程之间关联性不强，导致教学停留在表层，学生学习的积极性没有被充分调动起来。另外，由于规划和监管体系不完善或缺失，只是靠教师和学生自觉地融入课程，效果并不理想。

（三）教师积极学习传统文化但是积淀不够

作为教育主体，教师是教育工作的承担者和践行者，他们的教学和研究水平对中华优秀传统文化融入德育教育的成果起到直接的影响。中华优秀传统文化博大精深，这必然对教师也提出了非常高的要求。因此，各所学校逐步加强师资队伍建设，非常重视教师综合素质的培养。教师应该适应时代潮流，不断提高学习中华优秀传统文化的能力。由于教师所教学科不同，中华优秀传统文化积累不同，在教学中所能传授的中华优秀传统文化知识有限，对于传统文化元素的运用存在不恰当的地方，且缺乏灵活性。这在一定程度上也影响了中华优秀传统文化融入德育教育的进程。

三、中华优秀传统文化融入德育教育的策略

（一）建立中华优秀传统文化教育保障制度

1.建立健全领导机制和保障机制，为实施中华传统文化课程提供必要的条件

要建立中华优秀传统文化教育的领导机制，切实把中华优秀传统文化传承发展工作提上重要日程，加强宏观指导，纳入学校发展的总体规划。建立保障机制的关键在于形成有效的物质保障和制度保障。

（1）物质保障方面

学校要在资金、场所、设施方面给予极大的支持，整合资源、调动力量，把各项任务落到实处，鼓励教师从事中华优秀传统文化的研究和教学。

（2）制度保障方面

学校需要建立健全中华优秀传统文化师资培训和考核制度、建立教学评估制度，同时完善学生评价制度等，从而促进中华优秀传统文化课程实施的不断完善。

2.组建复合型的专家和教师团队，并组织教师专业培训和及时更新教学方法

团队成员明确分工，精诚合作，努力提升学校中华优秀传统文化教育的整体水平。一方面，该团队既有校内各专业教师发挥教学科研引领作用，又有各领域专家、民间艺人、技艺大师、非物质文化遗产传承人参与课程实施，建立非物质文化遗产传承人"双向进入"机制；另一方面，既有相关学科教师进行课程资源建设和教学工作，又有信息技术教师提供现代教育技术支撑。

（二）加快课程改革，增强不同课程之间关联性

1."大思政"视域下确立思想政治教育理论课的引领地位

思想政治教育理论课并不是一门与生活脱节的晦涩难懂的课程，反而是与生活息息相关的重要的意识形态反映的理论和实践课程。在"大思政"视域下，思

想政治教育理论课不再像传统的思政课程一样过分依赖思政教师，而是在全校良性互动下将具有思想政治教育的诸多要素通过制度机制进行协调、联结、融合，实现从"思政课程"向"课程思政"的教育方式的转变。在这过程中"思政"要起到课程教学的引领作用，而"课程"则体现出了立德树人的重要性。[①]思想政治教育理论课程是必学课程，涵盖面广，是中华优秀传统文化融入学校课程的最佳方式。在课程中，可以适当加入中华优秀传统文化关于爱国主义、个人理想信念的内容，帮助学生树立正确的世界观、人生观和价值观，并以此作为课程思政的示范性标准，为中华优秀传统文化融入其他课程提供思路。如果说思想政治课程是显性课程，那么专业课程就是隐性课程。由于要承担专业技能培养的责任，所以专业课程不能像思想政治课程那样把中华优秀传统文化作为教学内容直接地呈现在课堂上，并作为教学重点进行讲授。因此，不同的专业要结合自身特点，设置相应内容。例如，文科专业，比如中文、教育学等，可以适量增加古代典籍的阅读，通过阅读，了解中华优秀传统文化，学习古人的爱国情怀、道德品格等；理工专业，比如数学、建筑等，可以介绍学科发展历史，并结合古代史，让学生了解更多的历史人物和历史事件，培养学生艰苦奋斗、不畏艰辛的意志品质，心怀天下，不断增强学生的文化修养和民族认同感。通过显性教育和隐性教育的结合，实现课程之间的互联互通。这样，既可以节约教学资源，又可以增强学生对中华优秀传统文化的认同感。

2.设置中华优秀传统文化通识选修课

（1）保持课时、学分的合理现状，结合实际调整课程容量

学分和课时的合理状态为2学分32学时。在课程容量方面，根据课程实际进行具体设定。选修性质的课程在内容方面更为聚焦，特别是一些传统技艺类的课程，需要对每一名学生的掌握程度有所了解，要结合实际需求来设定不同类型中华优秀传统文化课程的容量。即便是诸如古代诗词鉴赏、经典名著解读等类型的课程，容量也不宜过大，控制在90人以内为宜。

（2）将翻转课堂和场景体验结合起来

中华优秀传统文化的学习除了发挥教师的引导作用之外，学生的自主能动

[①] 施展，刘娜.从"思政课程"到"课程思政"——谈高校如何通过课堂主渠道完成立德树人的根本任务[J].才智，2019：155-156.

性和自主学习力更具有关键性的作用。在中华优秀传统文化的通识选修课中，由于学生在课前有了必要的基础，因而具备自主学习的条件，再加之目前网络技术的不断发展，从而开展翻转课堂既符合大学生的学习模式，又对开展有针对性的教学、提升教学效率有重要的作用。在这里，我们先来介绍下翻转课堂的前世今生。哈佛大学的物理学教授埃里克·马祖尔（Eric Mazur）最早在这一领域做出了研究。埃里克·马祖尔认为，他和同伴创立的同伴教学法更能使学习更具活力。首先是传递知识，其次是吸收内化知识。多媒体辅助教学可以代替教师的角色，起到传递知识的作用，教师就可以从传递知识的主导者转变为传递知识的辅助者，成为学生吸收内化知识过程中的引导者，有更多的精力在引导学生吸收内化知识的环节帮助学生解决问题。[1]2000年4月，韦斯利·贝克（Wesley Baker）提出了一个"翻转课堂模型"，就是在课下教师并非布置家庭作业，而是通过互联网让学生在上面做在线测试，遇到不懂的问题可以即时反馈给教师，教师再给予学生帮助，在线上进行纠错改正。课上，教师主要让学生之间先进行交流讨论，互相解决问题，然后再参与师生互动，与学生开展互动、讨论。与此同时，韦斯利·贝克首次概述了翻转学习的本质：在翻转课堂中，教师不再是课堂上的权威，而是学生身边的引导者。韦斯利·贝克也在他发表的论文中提出了翻转课堂的最初概念，即教师借助网络工具平台或网络课程管理系统，以在线形式把本应该在课堂上讲的知识点作为作业发布给学生，让学生在家里完成，而在课堂上，教师则作为引导者更多地参与到学生之间的学习中去。翻转课堂快速发展并受到关注，进而走进学习领域是在2011年。乔纳森·伯格曼（Jonathan Bergmann）和亚伦·萨姆斯（Aaron Sams）根据他们多年以来实施的翻转课堂的教学经验，出版了《翻转课堂：时刻惠及更多的学生》一书。该书一经发行，立刻受到了美国督导协会和国际教育技术协会的一致认可和推荐。在那之后，开始尝试实施翻转课堂教学模式的实践者也逐渐增多了。

2007年，美国科罗拉多州落基山林地公园高中的两位化学教师乔纳森·伯格曼和亚伦·萨姆斯使用翻转课堂这种教学模式进行教学。开始的时候，为了帮助缺课的学生能快速地赶上其他学生的学习进度，这两位化学教师把他们的具体授课方式、PPT讲解、授课内容发布在了互联网上，这种方式立刻引起了教育界的关注，并得到了重视。不久以后，这种教学方式在位于美国明尼苏达州斯蒂尔沃

---

[1]黄发国，张倡涛.翻转课堂100问[M].济南：山东友谊出版社，2016（05）：4-5.

特市的石桥小学、高低村小学、克林顿戴尔高中中也流行了起来。但是翻转课堂能够引起全球重视并在全球发展是依靠萨尔曼·汗（Salman Khan）在2011年创建的可汗学院。翻转课堂起源于美国，教学模式也主要形成于美国本土。美国翻转课堂教学模式主要有林地公园高中模式、河畔联合学区模式、可汗学院模式。林地公园高中模式是率先创立了经典的K12学校翻转课堂教学模式的学校。这种教学模式的构成是学生把观看教学视频作为作业在家里完成，把练习题从家里带到课堂上，在课堂中完成。除此之外，在课堂上还有发现探究活动和实验操作任务。美国河畔联合学区的教学模式的最大特点是采用了数字互动化教材，这套教材包括了文本、图片、语音、3D动画，并可以让学生与教材互动、交流，更能吸引学生的注意力并且具备趣味性。可汗学院模式的最大亮点是把每节课根据理解程度和成绩来确定而非以时间来划分。他们认为，学习的常量应该是学生对知识和概念的高水平理解。可汗学院开发出一套受教师认可、学生欢迎的教学视频，此课堂练习系统能快速地掌握学生的问题点，教师能及时给予帮助。[1]

　　学生通过在课前自主学习相关内容，从而对于自身的水平有了大致的了解，并且在这个过程中发现存在的问题，便于教师在课堂中进行重点讲解和引导。这就优化了教学流程，提升了教学资源的配置效率，能让学生运用所学的知识进行分析，从而解决实际问题。在翻转课堂理念下，教师需要建立"知识获取—提出问题—讨论问题—评价讨论结果"的教学思路，逐步引导学生进行自主思考，通过群体探究和相互讨论，获得关于中华优秀传统文化的深刻认识，把握中华优秀传统文化的渊源和本质。通过教师和学生、学生和学生之间的相互交流与合作，有助于大学生将自身对于中华优秀传统文化的理解表达出来并不断在沟通中完善自身的知识结构，并且通过讨论和交流的过程实现对所学知识的融会贯通、灵活运用。而对教师来说，既是一个教学生的机会，也是自己学习的机会，通过和学生之间的互动有助于反思自己的观点，推动课程优化。

　　场景体验则是中华优秀传统文化课程中的实践部分，强调学生参与到实践过程中实现生命成长和文化体验，同时也让课程走向交互和开放，使中华优秀传统文化课程更具吸引力。场景体验分为课堂中体验和课外体验。借助场景体验有助于学生对于中华优秀传统文化有全面、深刻的理解，在认知中将自身和文化融为

---

[1] 黄发国，张倡涛.翻转课堂100问[M].济南：山东友谊出版社，2016（05）：4-5.

一体，感受文化的魅力。同样，在文化体验的过程中，学生需要将自身的思考和行动结合起来，将反思贯穿在学习的全过程。在对中华优秀传统文化进行体验之后，学生需要将自身的体验和感悟梳理成文字，表达对中华优秀传统文化的切实感悟和理解，发现中华优秀传统文化对自身成长和社会发展的价值，从而不断深化对中华优秀传统文化的理解。这样，有助于学生将体验纳入已有的经验和知识结构中，形成批判意识和创新精神。

3.建设中华优秀传统文化网络课程平台

学校要充分利用互联网和大数据技术开展中华优秀传统文化教育，完善中华优秀传统文化课程。重视网络课程的开发是关键所在，通过聘请专门的技术人员和教师合作，共同开设中华优秀传统文化的精品课程，打造学校自身的中华优秀传统文化课程品牌，从而让中华优秀传统文化获得应有的重视，也让学生对中华优秀传统文化产生学习的兴趣和动力。

（三）教师要提升自身文化素养和专业技能

教师首先要加深中华优秀传统文化积淀。教师应当积极汲取目前关于中华优秀传统文化研究的前沿成果，加强对文化经典的研究，从深度和广度两个方面把握中华优秀传统文化。此外，教师要多阅读文化典籍，将各种典籍之间的思想进行融会贯通，建构自己的思想体系，而非照本宣科，进行固定知识的传授。其次，教师应当主动更新教学理念和方法。教师应该采用更多新的教学方法，让中华传统文化更加具有活力和魅力，甚至能够让其散发出趣味性。最后，教师要主动学习和掌握互联网技术和大数据技术。互联网技术是教师必备的技能之一。互联网技术具有高效、便捷的特点：一方面，有助于教师进行备课讲课，互联网中海量的资源为教师开展多种形式的教学活动提供了参考和借鉴；另一方面，大数据技术以其超强的统计和分析功能在课后评价中展现出非常人的优势。通过分析学生网络学习的情况，能够准确把握学生整体的学习状态，也能够对个别学生的学习状况进行精确把握。因此，教师需要加强这方面的学习，自觉接受相关的培训，让自己的课堂更加有效、更加适应学生的需求。

（四）增强文化认同感，丰富校园传统文化氛围

1.新媒体成为塑造中华优秀传统文化氛围的新平台

随着"互联网+"时代的到来，互联网已成为绝大多数人接受外界信息的重要渠道之一。如何能在海量信息中提高甄别能力，守住被西方价值观不断冲击的道德底线和价值底线，是学生面临的重要问题之一。当代学生是伴随着科技快速发展成长起来的一代，他们从小就接触互联网，乐于接受新媒体。新媒体依托互联网的发展，具有信息传播能力强，覆盖面广的特点。和传统媒介比起来，新媒体不受时间和空间的限制。利用新媒体传播中华优秀传统文化的道德内容，不仅形式新颖，而且易于被学生接受。通过设置互动选项，学校能够第一时间得到反馈，及时做出调整，获得较好的宣传效果。一般情况下，学校都有自己的网站、微信公众号等。学校可以在网站上设置专门的板块，用于介绍中华优秀传统文化，特别是和德育教育有关的内容，比如民族英雄故事，能够提高学生的爱国情怀，学习英雄崇高的道德思想，并设立互动区，供学生交流讨论。为了鼓励学生积极主动地学习中华优秀传统文化，学校可以在网站、微信公众号上展示学生朗诵古代优秀典籍的音频或视频。学校应利用新媒体大量传播中华优秀传统文化中的道德内容，引导学生形成正确的道德观，弘扬和践行社会主义核心价值观。

2.利用传统节日，举办各种特色文化活动增强文化认同感

节日指的是日常生活中值得纪念的重要日子，是世界各国的人民在千百年的生活实践中所共同创造的一种民族文化。中国是拥有五千多年历史文化的文明古国，每一个传统节日都包含着一个中华优秀传统文化故事，其背后也蕴含着独特的人文价值和道德内涵。在传统节日到来时，学校可以组织师生一起参与传统文化活动。例如，春节可以组织学生包水饺、写春联、布置校园。端午节通过阅读屈原的诗歌学习诗人忠贞不渝的家国情怀。中秋节可以组织师生进行诗词比赛，边赏月边朗读诗词，加深对中华优秀传统文化的了解。我们都知道，我国是统一的多民族国家，不同民族也有自己独特的民族节日。学校可以根据具体情况，开展民族文化活动，增强不同民族之间的信任感，同时可以促进师生情感，加深对民族传统文化节日的了解。借助传统节日举办文化活动，可以加强校园文化建设，增强师生的民族文化和传统文化认同感，提升传统文化素养。

第三节 中华优秀传统文化融入德育教育的发展趋势

一、注重坚持中国特色社会主义教学方向

五千多年独特的历史文化底蕴，决定了中国必须走自己的发展道路，教育也是如此。学校是培养未来中国特色社会主义建设者和接班人的主要阵地，这里也是各种思潮汇聚的地方，德育教育是非常重要的。正确的道德文化指导能够为学生指明前进的方向，使学生形成正确的道德观和价值观，不负国家和社会对学生的殷切希望。今后，学校要围绕立德树人这一根本任务开展教学活动，在遵循学生认知规律和教育规律的基础上，使中国特色社会主义德育教育能够贯穿学生学习生涯的各个阶段。同时，按照分学段、有序推进的原则，将中华优秀传统文化全方位融入德育教育的全过程。另外，我们要在各学科教育和社会实践中加强中华优秀传统文化的引导地位。以中华优秀传统文化为核心，围绕中华美德和社会主义核心价值观，展开课堂教学。在实践活动中了解中华优秀传统文化，领会国家治国理政的战略思想。传承革命优秀传统，激发学生的爱国热情，增强文化认同感，使学生能够树立远大理想，并愿意为之奋斗的坚定理想信念。保证学校中国特色社会主义办学方向不偏离，实现培养合格的中国特色社会主义事业的接班人的教学目标。

二、注重以人为本的教育思想

第一，以人为本是立德树人这个教育的根本任务得以实现的前提。学校的教学活动要基于学生的认知规律和教育规律，编写以中华优秀传统文化为核心、以中华美德和社会主义核心价值观为主要内容、与社会实践相结合的校本教材，使德育教育贯穿在学生学习的各个阶段。

第二，作为教育主体，学生是新时代学校教育改革发展的重要一环。教师不仅要向学生传授知识，还要担负起对学生心理、道德、文化等方面进行培养的重担，关心、关注学生，以提高学生的文化素养，促进学生思想道德建设，使学生在学习中获得全面发展，让学生有满足感和成就感。

第三，学生的需求越来越多样化。新时代的学生已经不再满足只学习课本

知识，他们对自身的综合发展有着更高的要求，比如提高文化素质和思想品德修养。学校应该根据学科特点，开设中华优秀传统文化的必修和选修课。此外，学校之间要共享课程，不断加强交流。

三、注重综合育人的教学理念

通过扩充德育教育内容的范围，培养学生的综合素质。从课程、实践和管理这三个维度，构建综合育人教学理念，积极引导学生学习中华优秀传统文化，传承和弘扬中华传统美德。

（一）课程育人

课程育人要做到充分发挥课堂教学的主导作用。按要求严格落实德育课程内容建设，细化高校德育教育内容，并落实到各学科课程的教学目标中，从而使德育教育能够融入教育教学全过程。

（二）实践育人

实践育人要联系学生的生活实际，挖掘德育教育的课程内核。结合学校和所在省市资源，利用重大节日、纪念日，适时开展德育教育实践活动。在实践中学习和领悟中华优秀传统文化，增强爱国意识，树立高尚的品德，提升文化素养。

（三）管理育人

管理育人是为学校综合培养学生提供制度上的保证，加强推进学校管理体系现代化。根据实际情况，完善学校自身管理制度，提升综合管理水平。将新时代对于德育教育的要求，认真细化落实在学校的管理过程中，使全体教职工和学生有更多的获得感。

四、注重利用信息技术传播和应用

未来，"互联网+"将成为学校教育的另一种教学方式，以弥补传统课程教学的不足。学校将更加积极整合调动网络与多媒体资源，统筹多方力量，并充分利用公共机构在传承发展中华优秀传统文化中的作用，开展和图书馆、博物馆、美术馆等公共机构的线上活动。让学生不出校门就可以感受中华优秀传统文化的魅力。利用互联网传播信息能力强的特点，加强校际间的合作交流。开设线上通识课程或选修课程，加强学校德育教育的学习，在国家重大节日期间，采取线上互动、线下实践的方式以提高学生的参与热情，提升学生的爱国情怀，增强对中华优秀传统文化的认同感。定期举办各类主题文化活动，利用学校网络官方媒体平台，上传学生的活动视频，让学生有更多的获得感。学校在利用互联网平台进行中华优秀传统文化和德育教育的同时，也要加强对学生使用互联网等新媒体平台时的道德观和价值观引导。在互联网不断发展的今天，如何在海量信息中进行甄别，需要学校积极承担引导和监管责任，帮助学生在互联网时代守住道德底线，践行社会主义核心价值观，提升自身文化素质。

第四章

学生管理概述

第一节　学生管理内涵

一、内涵

　　学生管理是学校领导和管理人员，为了实现学校学生的培养目标，按照国家的教育方针和各项政策法令，科学地、有计划地组织、指挥、协调学校内部的各种因素——人、财、物、时间、信息等，并对其进行预测、计划、实施、反馈、监督等的一门管理科学。学生管理作为学校管理的重要组成部分，具有十分广泛而深刻的内涵。首先，它要研究管理对象（即学生）的生理、心理特征，知识、能力结构，兴趣爱好及社会氛围对他们的影响，掌握他们的思想变化及教育管理的规律。其次，它要研究管理者本身（即学生工作专职人员）必备的思想、文化、理论及业务素质，以及这些素质的培养和管理队伍的建设。最后，它还要研究学生管理的机制和一般管理的原则、方法，以及学生在学习、生活、课外活动、思想教育中的具体管理目标、原则、政策、法规等。

二、研究的内容

　　学生管理是一项教育工作，它具有教育科学所包含的规律；它也是一项具体的管理工作，具有管理科学所包含的规律。学生管理是教育学和管理学交叉结合产生的一门综合性应用学科，它同所有的管理科学一样，研究的主题是效率，当然具体研究的课题是学生管理的效率——最有效地达到学生的培养目标。我们中国学生管理，就是要寻求按照党和国家的教育方针，实现培养德、智、体诸方面发展的专门人才的最佳方案，最佳计划、决策，最佳管理体制、组织机构，最佳操作程序。它涉及很多学科：马克思主义哲学、教育学、社会学、心理学、管理学、行政学、统计学、控制论、信息论、系统论等。因此，研究中国学生管理必须广泛运用各种有关的科学理论来分析研究我国学生的管理实践，使我们的管理建立在真正的科学理论之上，这样才能使我们从事学生管理工作的同志用科学的管理指导思想和科学的管理手段进行有效的管理。

三、管理过程中要处理好的关系

第一，学生管理与规章制度的关系。学生管理要经过制定并实施必要的规章制度来实现。教育部根据党和政府的教育方针、学生成长的特点以及长期以来的工作经验，已经制定了《学生管理规定》，这是对学生进行科学管理的一个基本的法规性文件。各学校也结合自己的实际情况，整章建制，制定了一系列的规章制度。学生管理的实践反过来又丰富了规章制度的内容，使之更全面化、科学化。

第二，学生管理与思想政治教育的关系。在强调管理工作重要意义的同时，不可忘记思想政治教育的重要保证作用。任何只强调严格管理而忽视思想政治教育，或只强调思想政治教育而置管理于不顾的做法，都是片面的、不可取的。因为管理也是教育的一种手段，教育又能保证管理的推行和实施，所以只有把严格管理与思想政治教育有机结合起来，才能使学校工作真正走上井然有序的轨道。这已为实践所证明。

第二节 学生管理的指导思想与原则

一、学生管理的理论根据和指导思想

科学的管理对提高管理效率、优化教育质量具有十分重要的意义。科学的管理有赖于符合客观实际的、法制化的、人性化的管理规章制度，而这一切都离不开科学的管理思想。科学的学生管理思想分三个层次：一是作为理论的管理思想，二是作为管理应遵循的基本原则，三是在实际操作中所运用的具体方法。

（一）管理思想

所谓管理思想，是指"关于管理的观点、观念或理论体系，是管理理论和实践的结合在人们头脑中的反映"。管理思想对管理工作起指导作用，它随着

人类社会及其管理活动的产生、发展而产生和演变。古代朴素的管理思想兴盛于中国、古巴比伦和印度等。公元前2000多年，古巴比伦《汉谟拉比法典》颁布的282条法律，体现了远古法规管理思想。中国在公元前1100多年，出现经权管理思想。后有历代的"人治""法治"及"知人善任"等管理思想。19世纪后，随着机器大生产的兴起，欧洲出现古典科学管理思想以及法约尔的管理原则与过程理论等。从20世纪20年代开始，出现了人际关系——行为管理思想。20世纪60年代后，出现了诸多管理学派，管理思想纷繁，被喻为进入了管理理论的"丛林时期"。

学生管理属教育管理的范畴，其管理思想理应与教育管理思想同类，它是一个极为复杂的理论课题。它应该也必须规定出自己的理论前提，也就是要与某种思想理论联系起来，以确立自己的基本方向。从哲学的层面看，学生管理思想主要包括四个方面的内容：

1.运用相互联系的管理思想

学生管理是一种复杂的社会现象，从宏观上分析，学校与社会、家庭和时代是联系在一起的，学生当然也不是孤立于社会、与世隔绝的，所以学生管理牵涉到社会、家庭，影响着时代，同时也受时代或者说历史条件的限制。

从微观方面来看，学生管理诸要素之间也是相互联系、相互制约的，如管理与学习的关系、管理与教育之间的关系、管理与服务之间的关系、管理过程与管理结果之间的关系等，都是相互影响、相互制约的。

2.运用动态平衡的管理思想

管理是一个过程，这一过程是在不断发展变化的，既受大的政治、经济和文化变化的影响，又受学校本身物力、财力及办学思路变化的影响。一切都在变化中，管理工作也处在不断地完善与发展之中。同时，作为管理对象的学生的人格、思想、行为也在学生管理过程中得到逐步发展与完善。所以把动态平衡的管理思想运用于管理工作中，就必须有发展的观点，要有与时俱进的勇气，立足于现实，着眼于未来，不断地分析和研究新的情况，解决新的问题。

3.运用对立统一的管理思想

在学校的学生管理活动中，客观存在着各种矛盾关系，需要运用对立统一的管理思想对这些问题和矛盾进行分析研究并最终予以解决。例如，管理者与管理对象之间的矛盾，教育、服务与管理之间的矛盾关系等。

4.运用实践探索的管理思想

实践是检验真理的唯一标准，同时，实践又是正确认识的主要来源。学生管理是一门实践性很强的科学，有很强的操作性要求。因此，我们在开展学生管理工作的时候，一定要有实践意识，要有探索创新的勇气，并将实践过程中形成的好的经验提升到理论的高度，从而在整体上指导学生管理工作的新实践，如此反复，以至无穷，以推动我们的学生管理工作水平不断提升。

（二）指导思想

研究我国学生管理，主要应注意运用以下几个方面的理论观点和指导思想：

第一，坚持马克思主义关于人的全面发展的理论，培养有理想、有道德、有文化、有纪律的全面发展的高级专门人才，是我国社会主义大学的根本任务。做好研究工作首先要解决"为谁培养人"和"培养什么人"的问题。我国社会主义大学的性质决定了我们必须确保学校培养出来的毕业生，不仅要有扎实的科学文化知识和健康的体魄，而且必须具有高度的社会主义觉悟，也就是要有理想、有道德、有文化、有纪律。要培养这样的新人，就必须按照马克思主义人的全面发展的教育思想办教育。马克思主义教育思想的核心就是关于人的全面发展的学说。培养德、智、体全面发展的建设者和接班人的教育方针，是马克思主义这一理论精髓的具体运用。这些理论都是对马克思主义关于人的全面发展学说的继承、丰富和发展，是党和国家的教育方针的具体化。我们要把培养全面发展的"四有"人才作为我们的根本任务和落脚点。

第二，运用马克思主义关于辩证唯物主义的理论，用对立统一观点指导学生管理，在管理中坚持整体性。马克思主义辩证唯物主义哲学是一切社会科学和自然科学的理论基础。马克思主义的认识论和方法论，渗透于所有社会科学和自然科学之中，所以，也同样渗透于学生管理科学之中。要运用对立统一观点，坚持管理的整体性。在纵向上，坚持整体性就是局部与整体的统一，从学生管理工作的整体系统看，组成这个有机整体的各部分又都是一个支系统，是局部。学生管理系统的整体功能是由各部分的组合形式决定的，虽然支系统都各具有特定的功能，但它们都应服从学生管理系统整体的目的和功能，各个支系统的要素都是为了整体目的而建立的。在横向上，坚持整体性就是处理好各支系统之间的分工与合作的一致性，把各部门都协调到为培养全面发展的人才这一共同的管理目标上来。

第三，运用教育和现代管理科学理论指导学生管理，使学生管理科学化。现代治校观念要求我们靠现代科学来管理学校、管理学生。具体说来，一要靠教育科学，要遵循教育的外部规律与内部规律办事。学校要准确把握社会脉搏，直接面对市场办学。学生管理也要研究新情况，解决新问题，面向21世纪培养高素质的复合型人才。二要靠运用现代管理科学的理论与方法进行管理，使学生管理队伍的组织机构严密，管理制度科学，人员分工合理，职责范围明确，奖惩分明，动作协调，工作高效等。运用现代管理科学指导学生管理主要是运用它的基本原理：系统整体性原理、要素有用性原理、动态相关性原理、人的能动性原理、规律效应性原理、时空变化性原理、信息传递性原理、控制反馈性原理等。我们应在管理实践中力争使管理做到系统化、管理决策科学化、管理方法规范化和管理手段现代化。

第四，继承和发扬我国六十多年来学生管理的成功经验。中华人民共和国成立后六十多年来学生管理工作的成功经验是当今学生管理工作的宝贵财富。首先，社会主义大学必须坚持中国共产党的领导，坚持社会主义方向，这是我国六十多年来办大学的一条基本经验。坚持党的领导就是用党的路线、方针、政策作为社会主义大学管理的基本指导思想，就是要确保社会主义大学的社会主义方向，调动全校师生员工的积极性，为培养德、智、体全面发展的高级专门人才努力奋斗。坚持社会主义方向，是由我国社会主义性质所决定的，一切管理工作都要根据党的路线、方针、政策去组织、实施。各项规章制度的制定都要有利于坚持"一个中心、两个基本点"，有利于调动广大师生员工的社会主义积极性，这是衡量管理功能与效益的基本点。其次，管理工作规范化、制度化，即把符合社会主义方向的，又经过实践检验比较成熟的民主管理和科学管理体制、程序、办法用制度形式固定下来，使工作形成规范，其中心点是责、权、利相结合，使制度的思想性和科学性统一。再次，坚持理论联系实际的原则，面向社会实践，实行教育与生产劳动相结合。社会主义学校培养的人才，必须适应社会主义市场经济的需要，在思想上有高度的社会主义觉悟和共产主义献身精神，在业务上不仅要有理论知识，而且要有较强的分析问题和解决问题的能力，要有实干精神和较强的独立工作能力。

二、学生管理的原则和基本方法

原则是对客观规律的反映，是观察问题和处理问题的准绳。社会主义学校管理学的原则是学生管理的内在关系的规律性的反映，不是任何人随心所欲创造的。在学生管理工作中，管理原则处于承上启下的关键地位，是管理目标和实现管理目标的手段之间的中介，它是学生管理工作中管人处事所依循的法则，是采取有效手段进行管理活动的基本要求。管理原则和管理目标、管理过程、管理方法、管理制度、管理者之间都有密不可分的关系并处于指导地位。

（一）学生管理的基本原则

社会主义学生管理基本原则是根据学生管理工作的目的、任务和培养学生成为社会主义合格人才的客观规律制定的，它制约和指导着其他个别和特殊原则。

1.学生管理工作方向性原则

管理是一种有目的的活动，管理工作必然具有方向性。以坚持社会主义方向为准绳，这是我国学生管理工作的一个本质特点。我国是社会主义国家，自然要使学校成为社会主义性质的育人场所。社会的性质制约着学校的性质，进而决定学校一切管理工作的性质，因此我们的学生管理工作，作为一种有目的、有意识的自觉活动，必须坚持党的领导，坚持社会主义方向，坚持邓小平理论、"三个代表"重要思想、科学发展观和习近平新时代中国特色社会主义思想为社会主义现代化建设培养造就大批合格人才，这是学生管理工作必须遵循的一条最基本、最重要的原则。

2.理论与实践相结合的原则

理论与实践相结合，坚持实践是检验真理的标准，这是马克思主义的基本原理，也是学生管理的基本原则。准确领会和掌握马克思主义相关科学及各种管理原理，从而把握它们的精神实质，这是搞好学生管理工作的前提。但是，管理原理的应用价值和范围，是受不同学校、不同管理对象和管理者水平等因素制约的。党和国家在社会主义现代化建设阶段有着基本的教育方针和政策，在各个不同发展时期，针对不同特点，又提出一系列具体的方针、政策和要求。这些方针、政策和要求，应当体现在各学生管理的具体措施、方法之中。但是科学的学生管理必须从学生的具体情况出发，从学生的素质、兴趣、爱好和生理、心理特点等出发，制定出相应的方法和措施。

3.行政管理与思想教育相结合的原则

培养学生的共产主义思想品德，既需要耐心细致的说理教育，也需要坚持不懈的行为训练，使学校的教育要求变为学生的行为习惯，否则，教育的效果就不会巩固。学生良好行为习惯的训练和培养，离不开科学的管理，没有合理的规章制度、行为规范，思想政治教育就会空乏无力。行政管理在培养社会主义合格人才的过程中具有不容忽视的作用，它为教育工作提供规范、准则和纪律保证，但是具体的学生管理是通过规章制度、行为纪律对学生的思想行为进行科学的指导和制约。这些制度、措施、纪律表现为社会与学校的集体意志对学生的要求，表现为对学生行为的外在限制，因此，想单纯地运用管理制度去解决学生复杂的精神世界问题，是违背教育规律和不切实际的。社会主义学校对学生进行管理的措施的制定与实施，必须以提高学生的认识能力、培养学生自觉遵守规章制度的自觉性为前提。自觉地遵守纪律源于正确的认识，离不开正确的教育，我们只能通过科学而有效的思想教育，帮助学生提高执行纪律的自觉性，才能真正实现管理的效能。

4.民主管理原则

社会主义学生管理工作的一个重要方面，就是要培养学生自我控制、自我管理的能力，激励学生在管理中的主动意识和主人翁态度，充分调动学生自我管理的内在积极性。因此，社会主义学校学生管理工作中坚持民主管理的原则是符合整体管理目标的。

从学生的心理特征看，他们处于心理自我发现期，这一时期他们产生了认识和支配自我、支配环境的强烈意识，他们希望自己的意志和人格受到外界更多的尊重。他们对学校制定的规章制度、行为纪律会思考它们的合理性，一般不希望被动地处于服从和遵守的地位，而是要求参与管理。根据社会主义学校的学生培养目标和他们的心理特点，我们在管理工作中应充分发扬民主，把学生看成既是管理对象同时又是管理主体。在实行民主管理时，我们应注意发挥党团员学生的作用，重视学生干部的选拔与培养，这是调动学生的积极因素，实现学生民主管理的重要任务之一。

（二）学生管理的方法

学生管理的方法是根据其管理原则，为实现学生培养目标而在德、智、体及其他方面所采取的具体方式、步骤、途径和手段。一般有以下几种方法：

1.调查研究

对学生的情况，要经常调查、了解、掌握，及时采取相应的措施处理。调查研究时要对调查对象、目的、方法作认真规划，不能临时应付，草率从事。调查中坚持实事求是，不能以上级单位或某人的指示、意见为结论，要到下面寻找材料佐证。在调查的基础上还要用马克思主义立场、观点、方法，对调查材料、调查事物进行分析、综合、研究。

2.建立规章制度

在学生管理中逐步确立一系列科学的管理制度，这是学生管理的必要方法。制度要符合学生身心发展特点，符合教育规律和德、智、体培养目标的要求。制度既要随着教育的发展而不断完善，又要有其相对的稳定性。

3.实施行政权限

按照学生管理的目标、内容制定一系列规章制度、执行措施和学生行为规范，用行政方法进行管理，并通过相应的管理部门及其人员和师生员工实施检查监督，从而使学生集体或个人的活动达到管理的目标要求。行政方法包含褒扬和惩治两个方面。对遵守管理制度、行为符合规范的集体和个人，应予以表扬；对违反管理制度、行为不符合规范的集体和个人，要有明确的限制措施，并用严格的制度约束其中的特别恶劣者。

4.适当运用经济的手段

经济手段是行政方法的补充。在学生管理活动中，对学生给予必要的物质奖励或惩罚，就是经济的手段，采用经济手段并不意味着行政方法不足以保证管理实施，而是因为直接触及学生的物质利益，它起的作用是行政方法难以替代的。用经济手段进行学生管理时，要注意防止一种倾向。同样不能只重视用经济手段奖励优秀学生，而忽视用同样手段处罚违纪学生，或者只重视处罚而忽视奖励，导致不能发挥经济手段的作用。

第三节 学生管理的对象和现实任务

一、学生管理对象

所谓管理对象是指"管理活动的承受者"。随着人类认识的深化和管理的科学化、复杂化，不同时期、不同学派对管理持有不同的见解：一是指管理活动所作用的各种具体对象。最初是人、财、物三要素，后增加时间、空间，成为五要素，又增加了信息、事件，成为七要素等。二是指管理活动所作用的特定系统，即把管理对象作为由多种因素组成的有机整体。系统与外界环境有信息、能量、物质交流。学生管理作为学校管理工作的重要组成部分，其相对应的工作对象无疑是指学生，从广义角度来看，这些学生应包括所有在各个阶段求学的学生。因为这些人都是学生管理活动的承受者。学生管理牵涉到诸多知识体系，包括管理学、教育学、心理学、政治学、人才学等，因此，学生管理是一门综合性、政策性很强的应用科学。它具有自己独特的研究对象，这个对象就是学生管理活动本质的、内在的联系及其发展变化的规律。对于社会主义的中国来说，学生管理科学是以马克思主义、毛泽东思想、邓小平理论和"三个代表"重要思想、科学发展观理论和习近平新时代中国特色社会主义思想为指导，以党的路线、方针和政策为依据，建立在教育科学、管理科学、生理心理学等基本理论和丰富的学生管理工作经验的基础之上，研究学生管理的对象、任务、原则、内容、方法和规律的一门科学。

学生管理作为学校管理的一个重要方面，同其他管理工作一样，都是以教育领域某一方面的特殊现象和规律为研究对象的，它必然要受到教育领域总规律的支配与制约。因此，它又不同于管理工作的其他分类工作，具有相对的独立性。我们只有既认识到学生管理工作与其他管理工作的密切联系，又认识到它与其他管理工作的不同特点，才能真正揭示学校管理现象本身所具有的特殊规律，使之成为一门具有特性并富有成效的管理工作。

作为一门管理工作，一般而言，总要有相应的学科知识成为其所依循的工作方针，而一门学科的成立必须具备一个必不可少的条件，即它必须具有一套系统的范畴体系。范畴体系既体现了研究的角度，也展示了研究的内容，同时又表明了其相互间的关系。因此，准确而恰当地表述学生管理学的研究内容，最好的办法是确立这门科学的框架和范畴体系。学生管理工作要研究的内容应涵盖以下几个方面：

（1）学科理论的研究。包括学生管理科学的性质、理论基础、研究对象和领域、主要研究任务、学科的地位和作用，学生管理的指导思想和原则，如何对历史的经验进行抽象和概括以纳入理论体系之中，如何移植、融合相关学科的理论，不断丰富、完善和发展学生管理科学等。

（2）方法论的研究。研究学生管理科学的方法论，一方面要研究根本的思想方法；另一方面还要研究具体的管理方法，如思想政治教育管理、学生社区管理、教学与学籍管理、实践管理、社团管理、校园文化管理（含网络管理）、奖惩制度管理、社会心理健康与咨询管理、就业管理、学生党员管理与党建管理、学生干部队伍的管理、学生群体性突发事件的应急管理等方面的管理方法与手段。

（3）组织学的研究。学生管理是一项系统工程。对学生管理的组织领导体制、学生管理队伍的建设、学生管理的现代化趋势等，都必须作更为深入、全面的探讨。

（4）学生成长规律、心理生理特点与管理工作的有机联系研究，青少年群体之间相互作用关系与学生管理工作的互动共生研究。

二、学生管理的基本任务

学生管理工作的基本任务，不仅包括研究学生管理学的相关体系，即研究学生管理工作与活动的知识系统理论，而且更重要的是这种研究必须着眼于寻求学生管理工作本身所包含的特殊矛盾，领悟和把握学生管理工作的运行规律，以更好地运用于学生管理工作的实践之中，有力地推动学生管理工作。概括起来，学生管理工作的主要任务是：

第一，坚持马克思主义关于人的全面发展理论和党的教育方针，贯彻党的基本路线，以马克思主义、毛泽东思想、邓小平理论和"三个代表"重要思想、科学发展观和习近平新时代中国特色社会主义思想为指导，以马克思主义哲学原理为方法论，遵循党的教育方针和学校的培养目标，为培养全面发展的高素质的人才服务。

第二，系统总结我国学生管理工作的经验和教训。学生管理是一种既古老又年轻的社会工作，它伴随学校的产生而产生，有着悠久的历史传统和崭新的时代内容。中国共产党早在初创时期就在学校开展学生管理工作，有九十多年学生管理工作的历史，积累了丰富的经验。中华人民共和国成立以后，我国的学生管理工作也有着许多值得认真研究的理论知识与实践特色，从改革开放到全面建设小康社会，每一个时期都有不同的学生管理工作理论基点和实践探索，这些都是值得我们从事学生管理工作的同志认真学习、探讨、分析和思索的。

第三，批判地继承历史上学生管理工作遗产，借鉴国外学生管理工作的经验，吸纳教育学、社会学、政治学、心理学、系统管理学、文化学等相关学科的知识理论，构建具有中国特色、符合时代精神的学生管理模式。中国是一个历史悠久的文明古国，几千年来，我们的祖先在学生教育和管理中积累了丰富的经验，这是宝贵的历史文化遗产，应当批判地继承，做到古为今用。同时，我们还应大胆借鉴国外学校的学生管理经验，去伪存真、融会提炼、博采众长，做到洋为中用。这样才能构建起具有中国特色的学生管理的理论体系，并以此指导实践，形成高效的、有益于学生身心健康成长和成才的学生管理模式。

第四，加强科学研究，注重实践探索，不断发展学生管理工作的理论体系，推动学生管理工作健康运行。尽管学生管理工作有着丰富宝贵的实践经验和悠久的历史传统，但就总体情况而言，它与不断发展的中国特色社会主义的形势和发展趋势还存在着某些不适应，还面临着许多亟待解决的问题。无论是从理论要求上，还是从实践需求上，都需要科学化、理论化、法制化、人性化等诸方面的规范。因此，作为学生管理工作者，必须加强学生管理工作的科学研究，大胆探索，不断创新，切实把握学生管理面临的新问题、新内容和新特点，努力用新方法、新思路和新手段去适应学生管理的新规律和新形势，使学生管理的理论与方式与时俱进，不断丰富和完善。

第四节　学生管理的特点和作用

学生管理是学校管理的一个重要分支，是学生管理理论与实践的高度综合与概括。半个多世纪以来，我国学生管理的实践证明，对学生的成功管理，必须以马克思主义理论为指导，必须与时俱进，必须从我国的实际情况出发，同时又要遵循学校管理的基本规律，把握住学校的管理特点。只有这样，才能使学生管理产生积极的效益，确保学生成才。

一、学生管理的特点

（一）政治性

管理是一种有目标的活动，管理工作必然具有某种方向性。这种方向性在特定的时期体现为政治性。当前，学生管理必须紧紧围绕着为中国特色社会主义培养合格人才这一中心目标服务，这是我国目前学生管理工作中一个本质特点。学生管理工作作为一种手段，是为教育方针服务的，而教育方针是一定时代的政治、经济和文化等现实在教育领域的反映。众所周知，中外教育史上都有重视德育的传统，但不同时代、不同社会，其德育中"德"的内涵是大不相同的。例如，欧美等西方国家与中国都在教育中强调了人本思想，但由于政治、文化的不同，欧美学校教育中的"人本"是个人本位的人本思想在教育中的反映，中国教育中的"以人为本"则是一种以广大人民群众利益为本的集体本位的人本思想，或者说是"民本"，因此其本质意义是大相径庭的。欧美等西方社会强调的个人本位"人文"教育，其目的是为他们的社会培养接班人；中国作为社会主义国家强调的集体本位思想政治教育，是为中国特色社会主义事业培养建设者和接班人。这就是教育方针的政治性。学生管理无疑是要为教育方针服务的，当然也就不可能不在其工作中体现出政治性。学生管理工作的政治性，决定了学生管理工作者必须具备应有的政治素质，不断提高自身的政治敏锐性，时刻关注政治局势，把握大局，保持与党中央的高度一致。

（二）针对性

学生管理既然是管理，就不可能离开管理学科的特点，它不可避免地要吸收国内外相关管理科学方面的理论知识体系和工作经验。但学生管理不同于一般的管理，它有着自己的特殊性。这些特殊性至少表现在以下四个方面：第一，管理的对象是学生（社会角色而言），他们本身就是一个特殊的社会群体，是一群掌握着一定基础知识和专业知识的潜在人才群体；第二，管理的对象是青少年（生理心理角色而言），他们处于血气方刚、激情澎湃、感情冲动、充满朝气的人生阶段；第三，这种青少年群体与军事编制中的军人青少年群体是不同的，他们的首要任务是学习，而非战斗；第四，管理的对象是正在接受知识教育和思想道德教育的青少年群体，他们是一个处于思想独立而在经济上又不能独立的半独立状态的青少年群体。上述四个方面的特点决定了学生管理的针对性，决定了学生管理必须涉及生理学、心理学、教育学、人才学和管理学等诸方面的知识体系。

从青少年学（含生理学、心理学）的角度而言，我们应当看到，学生管理面对的是一群有血有肉、生龙活虎和朝气蓬勃的年轻人，他们的世界观、人生观、价值观尚未完全定型，他们对异性的关注、与异性的交往、对爱情的渴望、对性道德的理解和对人生的理解等，都有着我们这个时代的烙印，受到所处的时代环境的影响，与20世纪五六十年代成长起来的一代人是有着明显区别的。要管理好他们，就必须研究了解他们；要研究了解他们，就必须把握时代特征；要把握时代特征，就必须弄清楚这个时代的政治、经济、文化及科学技术发展的大方向。

从教育学的角度而言，学生管理必须有利于学生的成长，必须符合教育规律。换言之，就是学生管理必须按教育学、人才学所揭示的规律来进行。比如，学生德育、智育、体育之间的关系如何在学生管理中有机融合的问题；知识的获得与能力的培养如何有机协调的问题；尊重学生个性与学校统一管理如何获得有效一致的问题；课堂教学与社会实践如何结合的问题等，都是需要认真研究探索的。

从管理学的角度而言，科学的管理从本质上讲是法治化、人性化的管理。管理的有效实施离不开规章制度的建设，而法律与规章制度的制定往往是以一定的理念为指导的。在法学中，指导法律制定的是法理（法律理论）；在政策学中，指导规章与政策制定的是政治理论和与政治理论相关的哲学理论。由于法律与规章及政策两者所针对的都是人，所以，两者都离不开对人的理性化认识。也就是说，如果一种规章制度是与受它管束的人的本性相悖的，是非人性化的，那么，这个规章制度必然得不到良好的执行，即使执行了，也会带来许多负面影响。对于学校来说，这种负面影响必定是不利于学生成长和人才培养的。

（三）科学性

对于学生而言，建立一套集德、智、体及日常生活管理于一体的系统管理制度，其实质是一种约束和规范，即把学生的思想、情感、行为和意志等引导到国家所倡导的培养目标上去。这一活动目标的实现，要求制度具有科学性。而学生管理制度的科学性至少包括以下几个方面的内涵：

（1）符合法律法规。即要求我们的学生管理制度符合国家的法律法规精神的要求。

（2）符合学校的实际。学校的实际包括学校的层次类型以及学校所在地的地域人文风情。

（3）符合学生的生理心理特点。这就要求学校的学生管理制度制定者必须了解学生，既了解学生的实际情况，又清楚我们的培养目标与要求。

（4）具有可操作性。作为管理制度，尽管有理论指导，又与理论有所不同，其最大的特点就是它必须具有可操作性才能真正达到管理的目的。没有可操作性的所谓制度，再好也只能是理论上正确而不能执行的制度。如果不顾实际情况，不根据发展了的政治、经济形势和法律规章而坚持推行在原来的形势下制定的相关规定，其结果必然是"无法操作"的无效制度，导致的最终结果是不利于学校的发展、学生的成才，更不利于党的教育方针的有效实施。

二、学生管理的作用

学校在现代社会中是人才的"加工厂"，担负着培养人才的重大责任。学生管理工作是学校教育管理工作的重要一环，其责任总体上与学校的根本任务是一致的。这种责任决定了学生管理工作的重要作用。它主要反映在以下几个方面：

（一）育人作用

学生管理是学校管理的重要方面，学校是人才培养的基地，学校管理是为培养人才服务的，学生管理更是直接针对学生的。但这种管理却与一般意义上的管理不一样，它不是单纯的管理，而是带有教育性质的服务，即不仅要通过管理促进学校的有效运行，而且要通过管理达到教育目的，使学生成为学校的合格"产品"。也就是说，学校的学生管理是一种"管理育人"的管理，这种管理要与学校的教学、思想政治工作和心理健康教育等一系列工作有机结合起来，产生一种管理育人的效果，促使党的教育方针在学校真正得到落实。

（二）稳定作用

学生是一个特殊的社会群体，他们具有朝气蓬勃、充满激情、追求真理、关心时事的特质，同时也有着容易冲动、互动性强、易走极端、时有盲从、阅历较浅、情绪不如成年人稳定等不足之处。与其他同龄人相比，他们掌握着更多的知识，但较之真正的知识分子，他们的知识又存在结构上的缺陷和知识量上的不足。这样一个大的群体居住在一起，各种矛盾冲突在所难免，处理不当，极易发生群体性事件。各种政治、经济、社会和文化等方面的矛盾必将反映到学生中来，如果管理不到位，缺乏敏锐的政治意识，学校的群体事件就可能演变为政治性群体事件，从而给社会的稳定带来威胁。因此，依法管理，通过制定并实施符合学校实际的规章制度，引导学生端正学习态度，明确学习目的，掌握正确的学习方法，养成良好的生活习惯，通过各种渠道和措施，为学生建构良好的心理品质，形成稳定的情绪，从而保持学校的稳定，是学生管理的又一重要作用。

（三）增强学生能力的作用

学校是培养人才的场所。因此，学校的学生管理应有培养学生的功能，应发挥提高学生能力的积极作用。例如，社会实践的管理，可以提高学生的社会实践和社会活动的能力；实验室的管理，可以提高学生的动手能力；心理咨询可以提高学生自我认识、自我调节的能力；学生的党团活动可以提高学生对党团的认识水平等。

第五节　学生管理的研究方法

学生管理的研究方法，要以马克思主义、毛泽东思想、邓小平理论、"三个代表"重要思想、科学发展观和习近平新时代中国特色社会主义思想为理论指导，并结合办学育人的实践。在具体实践中，可从以下几个方面研究学生管理：

一、联系的方法

既要注意学校内部的管理问题，又要注意学校外部的管理问题；既要研究宏观管理的现象，又要探寻微观管理的规律。

二、调查研究的方法

主要重在搜集原始数据，汇集感性经验，通过定量与定性的科学分析研究，提高理论认识，使学生管理研究的成果具有实际的数据支撑和理论支持，主要有网络调查、抽样调查、问卷调查和随机谈话调查等方法。

三、比较研究的方法

主要通过系统研究古今中外学生管理的历史沿革、实践经验和理论见解，进行纵向和横向的比较，发现政治、经济、文化及时代精神对学生管理的影响，从中发现其规律的东西，并提升为理论，用于指导的学生管理，古为今用、洋为中用、与时俱进、推陈出新，以实现学生管理制度的创新。

四、实践的方法

要有大胆试验、"摸着石头过河"的勇气：在"实践、认识、再实践、再认识"的循环往复中逐渐掌握学生管理的规律，实现从必然王国向自由王国的转化。

五、个案研究的方法

所谓个案研究方法，就是通过对某一被试验的管理工作进行纵向的、长时间的连续观察和实验，从而研究其管理行为产生的结果以及发展变化的全过程，总结某些具有规律性的特点的方法，又称"解剖麻雀法"。

学生管理的研究方法不限于此，上述管理方法仅仅是其中几种重要的研究方法。当然，每一种研究方法都有其特点、优势与不足之处。在研究学生管理工作时，应根据时代精神、管理对象变化状况、办学思路的变化、具体地区与当时形势的差别，对不同的研究方法，进行选择，有时可侧重其中几个方面的方法，有时可同时采用几种研究方法。不必拘泥于形式，而要重视效果。

| 第五章 |

学生管理制度的探索创新

第一节 学生社区化管理的探索实践

一、学生社区的内涵及社区化管理产生的背景

（一）学生社区的概念

随着我国学校改革的进一步深入，以寝室为单位的学生社区的地位日益突出。学生社区是社区概念在学校管理中的反映，学生社区是学生在校学习、生活、休息的基本活动场所。社会学研究表明，社区首先是一种地域上的存在，其次"它的实质是人的聚居与互动"。就第一层意思而言，社区的特点是居民的共同居住；第二层意思则表明社区具有文化功能。学生社区也是一个社区，就一所学校而言，它指这所学校的所有寝室和周边环境（学生公寓）以及这种环境所能达到的最大的育人功能。

（二）学生社区的内涵

与社区概念相对应，这一概念也包含两个内容：一是指区域环境，二是指文化功能。区域环境即是指：一方面，学生社区是校园的区域组成之一，是校园内的地理分区，是学生的居住区；另一方面，学生社区也是学校的一个重要管理区，就社会组成结构来讲，它是组成学校管理的结构之一，学校与学区存在某种程度上的隶属关系。不过，在完全学分制实施的背景下，学生群体间专业、班级甚至年级的界限日益模糊，作为学生的居住区其地位也应随之上升，以满足学生以居民身份与学校以及相关社会机构进行实质性对话的要求。文化功能更多地表现为社区人文环境与居民生活的相生相融，成为社区居民接受文化教育的主要阵地。学生社区在文化功能上还要承担更多的责任，要确保"文化为了教育，教育为了学生"，它具有更加鲜明的目标和内容指向。

学生社区的主要功能，就是要使社区成为学校德育工作的一个有效的有机环节。它承担的主要任务是为未来社会培养合格的社会公民，从社区角度出发，即要培养适应社区生活，与社区和谐相处的居民。一个社会的现代化归根结底是人的现代化，是人的意识和人的才能的现代化。社区作为社会构成的单元部分，它的现代化更离不开其居民，即社区成员意识的现代化。因此培养具有社会意识的现代人必然成为现代教育的任务之一。学生社区作为社区的特殊形态，同样要求其居民（学生为主体）以社区理念处理社区事务。从这一角度来讲，学生社区承担向居住其间的不同年龄、不同性别、不同生源、不同专业的学生灌输现代社区意识，将其培养成为积极参与社区活动、能适应并完善未来居住环境的合格居民的任务。因此，学生社区更像一个准社区，就如同学校向各行业输送人才一样，它负责向未来的社区输送高层次的居民。

由此可见，区别于城市一般社区和农村社区，学生社区是附属于学校的，由定期流动的学生和相关管理人员组成，在具备相应的物质功能同时，还形成了具有相同育人功能的一类特殊形态的社区。它不单有显而易见的区域含义，同时也具有育人的功能，即通过整个学生社区成员(主要指学生）的积极参与和依靠学生社区的创新精神来完成其育人功能。同社区一样，"学生社区"一词也有一种温暖的劝说性的意味，它是一种情感力量，让学生具有对物质环境的归属感。在同一社区里，不同学生的关系建立在相互依存和互惠的基础上，这种互惠和相互依存是自愿的、理性的，是通过自主参与实现的。学生参与是社区存在的反映，只有通过学生参与才能使学生的多样性以及他们归属社区的不同方式具体表现出来。

（三）学生社区化管理产生的背景

第一，我国现代化教育和国际化发展趋势需要一种符合学生管理的新模式。为了克服学校后勤设施不足，引进社会资金，或集资联建，或贷款与集资相结合，大力兴建学生公寓，并推行了后勤社会化管理，较稳定快速地解决了学生的住宿、餐饮、娱乐等一系列学习、生活、文化活动设施存在的经费短缺的问题。但后勤社会化却带来了学校管理的"二元化"问题，即对学生的学习实行的是与西方学校不同的传统教学行政管理，而对学生的生活却推行了类似西方大学的社会化管理，教学行政管理与社会化管理事实上存在着"两个体系"。学生管理工作面临的挑战是：怎样将"行政管理"与"社会化管理"两个体系合二为一，从而达到对学生人格的教育的统一。在这种新情况下，学校实行社区化管理势在必行。

第二，我国教育改革和发展不断深化需要改革传统管理模式。面对教育改革和发展的现实情况，传统的班级概念趋于淡化，以班级作为思想政治教育基本组织形式和主要工作渠道的情况正在改变，社区越来越成为学生学习、生活的重要场所。同时，随着学校后勤服务社会化步伐加快，学生社区的环境氛围、社区的文化设施和社区管理服务的质量如何，以及社区管理模式怎样，这些对传统的学生管理工作提出了新的问题。因此，学校社区化管理被提上了议事日程。学生社区化管理是适应教育改革与发展的时代要求。

第三，适应学生群体特征，加强和深化学校思想政治工作，需要一种更切合实际、具有实效的教育管理新模式。学生思想政治工作者，必须根据变化了的情况，及时调整工作思路，做出应对之策。面对教育的日趋现代化和国际化，特别是教育教学改革的不断深化，学校改革向纵深发展的新形势，学生社区管理如何坚持社会主义办学方向，如何坚持"教"的宗旨不动摇，是一个值得认真研究和探索的重大实践课题。近年来，很多学校在开展党建与思想政治工作以及日常教育管理工作方面，与时俱进，不断创新，探索出了一条符合形势发展要求和学校实际的学生教育管理新路子，即学生社区化管理。学生社区化管理是加强和深化新时期学生思想政治工作的需要。

二、学生社区化管理的理性思考

（一）学生社区化管理面临着机遇和挑战

全面实施学生社区化管理已经迈出了我国学生思想政治工作中具有代表意义的一步，在国内各学校先后进行的各种形式的理论研讨和实践探索，解决了部分理论和操作问题。但是全国学校地域分布广、地域和办学特色不一教育环境和教育条件参差不齐等因素决定了任何一种管理模式的完善都要经历一定的过程。社区化管理在实践探索过程中仍存在许多具体挑战，表现在以下几个方面：

第一，内部机构关系和运作方式尚欠科学和完善，构建并处理好教育、教学、招生就业三大平台之间的关系，需要进一步处理好教学管理与教育管理、社会化服务管理与教育教学管理之间的关系，科学分析和分配学生教育管理平台内部机构间的权重等。

第二，对实施学生社区化管理的后继问题重视程度和研究不够，前瞻性理论探索较少。例如，随着改革的进一步深化，政治、经济、社会、文化、教育等诸多方面将会出现许多新的变化，学生社区的管理如何适应这些变化？对这样的问题就缺乏研究。

第三，急需提升学生社区的价值，使学生社区在学校机构设置、运行体制、社会效益、育人过程中体现出更大的效度和影响力。

（二）优化学生社区化管理的对策

学生社区化管理无论是作为学校适应社会发展还是内部区域管理，抑或对学生进行方向性教育的过程之一，都有着十分重要的现实意义，应如何在现行的基础之上展开这方面的建设呢？

第一，借鉴国内外学生教育管理模式，不断加强实践探索和理论创新。传统的学生管理观念一直轻视寝室的育人功能，将寝室当作完全的物化性存在，因而在实际工作中只重视学生对生活环境的维护与保持，没有自觉地发挥学生寝室作为学校育人工作环境之一的应有作用。同时，由于工作视角单纯停留于单个寝室，而不能将以寝室为单位组成的学生社区纳入视野，我们也很少注意学生社区育人功能的发挥。再者学生社区不仅有区域概念，同时也具有育人功能，然而由于这一功能的隐性特征，我们未能加以准确地把握。以上种种观念观点误区导致我们未能认真地思考学生社区的作用，自然不会进一步去考虑如何建设好学生社区了。

学生的思想政治工作是由学校具体的学生工作机构来完成，学生的物质生活需求由后勤部门来满足，而对学生进行未来生活训练，培养其成为遵守社区规范、具备相应社区意识的文明公民的教育任务却没有一个成型的组织来承担。这无疑是学校教育的一个疏漏，从这个角度讲，建立学生社区，完善学生社区管理是完善学校育人职能、优化学校育人环境的必要举措，是当前学生工作迫切需要解决的问题之一。只有意识到了这一点，自觉地将学生社区建设纳入学生管理工作中，并给予其应有的地位，学生社区培养社区现代公民的育人功能才有实现的可能。因此，要加强理论建设和创新一定要贯彻开放办教育的理念，不断增强学习意识与开放观念，不断加强理论建设。学生社区化管理需要改革者的开放观念和博大胸怀，通过不断比较发现差距，促使在社区化管理的过程中自觉主动地探索理论，积极准备改革所需的条件。应提倡各学校之间的交流与合作，互促互进，在实践中不断积累宝贵经验。应加强理论建设创新，为学生社区化管理向纵深发展而共同努力。

第二，完善运行体系、解决机制问题是社区化管理的关键所在。机制是不可或缺的软件，建设好学生社区需完善三大机制，即学生社区运行机制、学生社区志愿者参与机制和学生社区的内部激励机制。

学生社区的运行机制是学生社区得以正常运转的前提。运用学生社区公共设施和相关权力，以满足服务需求为目标，不断提高服务质量，保持服务的功能成本，长期维持服务的再生产。这种周期性的进程状态，即是学生社区的运行机制。这一机制本身说明学生社区组织的非营利性，或者说非营利性是学生社区行为的特征之一，是学生社区自我服务、自我调节功能的体现。不断地实现这一机制良性运转的关键是服务质量，服务质量同样也是确立学生社区形象的基础，是学生社区存在必要性的证明。

学生社区的志愿者参与机制是培育学生社区人文生态环境的深层次社会文化问题。在西方发达国家，社区的志愿行为是社区存在的基石。在学生社区中建立一支具备一定数量和质量的志愿者队伍不仅是一种管理现象，更是一种文化现象。事实上志愿者本身即是社区意识的内在有机组成部分，是社区成员积极参与社区事务的显性表现。在学生社区，志愿者的行为是建立一个以人为本、文明互助、共同参与的和谐学生社区的重要途径。

学生社区的内部激励机制是学生社区凝聚人心、发挥作用的保证，学生社区的非营利性能否像企业一样产生关注效率的动力呢？这是一个复杂的问题。其一，非营利性组织的动力主要在于获得居民的满意和社会的认可，这是一种深层次的心理需求。市场经济导致人们为利而动，在这种情况下，为他人和社区努力工作的人尤其会得到他人和社会的尊重。其二，个人运用社区职能通过解决社区矛盾进而解决个人问题，是弥补个体力量薄弱无法对抗集团侵害的有效途径。一个发育良好的学生社区环境通过事务公开化、透明化，将工作者的各种努力、困难、成绩和失误显现出来，靠来自外部的反应去推动自己努力改进工作，从他人眼中看到自己的状态从而调整自己的行为，进而完善自我，即学区的内部激励机制。

第三，教育管理结构和"管""教"关系的调整和平衡。学生社区建设是一项系统工程，必然需要对原有学生社区管理结构进行调整，科学处理教育和管理的职责权关系。首先必须结合学校实际对原有学生工作进行结构性调整，并建立健全相应的规章制度，要从根本上解决这些问题，还需要处理好管理载体、教育平台、育人方式等全方位的问题，头绪纷繁芜杂，加之无成熟的经验可借鉴，面临的问题和难度都还较大。但以结构调整作为切入点，是一个比较可行的思路。要处理好以下几个关系：

（1）各级学生社区与社区总管理委员会之间的纵向关系。各学生社区管理委员会在人事安排上是一致的，都是根据三大职能安排负责人。学生社区总管理委员会由专职政工组成，负责相关政策制定、处理学生社区与校内外各社会机构关系、领导学生社区等工作。各分委的工作重点落实在学院一级，它依托学生专业而保持相互之间的独立性，同时与总管委保持一致性。各支委是学区管理的基层组织，它直接与楼层和寝室发生联系，同时也可在力所能及的范围内与相关单位交涉学区事务，因此也应具备相对的独立自主能力。

（2）校学工部门、团委与学生社区总管委的关系。学生社区总管委是校学工部的职能部门之一，是学生社区管理中最具有实权的管理层次，尤其在实现学生社区的维权功能方面，其作用更加明显。学生社区主要通过总管委实现与相关部门的平等对话，解决实际问题。团委介入学区管理，主要体现在对学区成员的思想教育与严格管理方面。团委是学生思想政治工作与校园文化工作的主角之一，团组织又直接指导各级学生会组织，有利于将寝室文化活动纳入整个校园文化建设中去综合考虑，从而引导寝室文化向高层次发展。

（3）制度和机构设置要同步。为了学生社区工作的顺利开展，制定诸如《学生社区居民公约》《学生寝室管理条例》《学生社区安全保卫制度》《干部教师联系学生社区制度》等相关制度是必需的。但从目前学生工作的状态来看，能否保障学生社区管理委员会具有相应的学区管理权利，能否保障学生作为学区居民与学校、后勤等部门具有平等对话的权利以及能否保障学生通过民主渠道参与学生社区乃至学校相关事务是影响学生社区生命力的决定性因素。

（4）细化管理规章，解决管理的薄弱环节。一定要通过管理规章的细化与统一，解决不同学校在管理上的疏漏，杜绝那种利用不同学校管理体制上的疏漏而达到使某种不合理现象得以生存发展以致酿成大事故的现象发生。现阶段，各地的学生社区建设面临许多新问题：学生社区规划问题，党的组织问题，学生社团活动如何与学生社区管理结合，学生社区矛盾与纠纷是否应用法律手段解决等，这些问题都会现实地摆在我们面前。但无疑实行学生社区管理是符合学校教育规律的，它体现了思想政治教育与规律工作相结合，融入学生具体生活实践的德育原则，提高了学生工作的规律层次，有利于学生自主、自强意识的培养，有利于为社会培养具有现代人文意识、现代生活观念的社会主义新型公民。

三、准确把握学生社区化管理的发展方向

随着学校社会化改革的不断深入，学生社区化管理应该向哪些方面发展是目前需要讨论的重点问题。学生社区应该成为培养德、智、体全面发展的"四有"人才及"管理育人、服务育人"的重要阵地，应该是影响学生成长、成才的重要环境和学校精神文明建设的窗口。因此，学生社区化管理应该成为学校改革的重点，有些传统的管理模式已不能适应学校的发展，学生社区化管理势在必行。从学校社区化管理的发展方向看，不断完善学生社区的教育管理机制，积极探索学生社区管理的新思路、新办法，建立与传统的班级管理模式差距较大的新型学生社区管理模式是今后发展的方向。

（一）智能化管理方向

管理智能化，就是借助信息技术手段，建设学生生活网络和社区管理服务网络，用计算机等现代科学技术进行科学的管理和服务，体现高效管理，实施高效服务。将几幢学生宿舍形成的社区实行联网管理，学生进出公寓进行红外刷卡管理，减少管理人员，杜绝外来人员的进入；对社区内部的床位、电费、水费管理等都采用智能化管理系统；在此基础上增设学生社区BBS、公寓管理员信箱和住宿信息、电话号码、火车时刻、住宿费、超额水电费、卫生考评等网络查询功能，将现实世界、书本世界和虚拟世界有机结合，通过网络服务平台为学生提供更加方便快捷的生活网络服务。

学生社区的智能化管理就是建立智能社区，进行各方面的管理，促使管理模式的合理化、管理方法的科学化。智能化社区的建立，对学生公寓的安全管理，尤其将学生进出、消防报警、用电负载识别等上升到一个全新的层面。广泛运用计算机平台的自动化技术和智能化技术开展这些工作，可以大大提高管理效率、

准确性、可靠性和安全性，还可以解决许多单靠人力不能解决的问题。通过实时微机管理，随时了解入住学生的基本情况和日常动态，形成服务方与学生之间的双向联系，形成社区管理信息的流通，推进管理科学化、智能化的进程。

（二）人性化管理趋势

人性化管理源自企业管理范畴，指以情服人来提高管理效率。通俗地讲，人性化管理的实质就在于充分尊重被管理者的自由和创造才能，从而使得被管理者愿意怀着满意或者是满足的心态以最佳的精神状态全身心地投入到工作当中去，进而直接提高管理效率。人性化的管理是情、理、法并重的管理，而不是放任管理。这种管理精神对学校的学生社区化管理同样适用。

人性化管理的核心是以人为本，充分相信学生的自我管理能力，尊重学生的权益，鼓励学生的自主和创新，不能把学生当作没有思想甚至没有自主能力的群体。学生社区化管理要实现人性化，管理者首先要看到每个学生身上的闪光点和个性，以亲和的态度去了解他们，关心他们，教育他们，进而管理他们。比如可以推荐学校政工干部进入学生社区。学校选派优秀的学生工作干部进驻社区，与学生同吃、同住、同生活，社区老师应经常深入寝室，了解学生的生活状况和思想动态，帮助学生解决实际困难，把解决学生的思想问题与解决实际问题密切结合起来。政工干部进社区，对转变政工干部的观念和学生的认识，加强学生与辅导员之间的沟通，拉近与学生的距离具有实效，能够真正做到使思想政治教育工作贴近学生学习、贴近学生生活、贴近学生心理，确保思想政治工作的有效开展。

人性化管理将对教育管理者提出更高的要求。要求放下管理者以上令下的特权，抛弃先入为主的视角，重新审视师生关系，科学处理制度与人的作用间的关系。人性化管理拒绝以制度和惩罚措施"吓人"，而是以管理者自身的人格魅力去教育人，去说服人，构建一种深层次的管理者与被管理者间的和谐关系。具体来说，学生工作部门和具体执行者要首先严格要求自己，做到制度制定的合理性、科学性和可操作性，制度执行的一致性和公平性，以及针对特定情况的灵活性；在接触到具体管理对象的时候要以人性的关怀和理解为管理动力，寻求二者间的良性互动，从而达到思想政治工作需要的效果。

（三）转变服务观念，构建服务型社区

所谓服务型社区，就是在几个公寓形成的智能小区内建立新型的现代化的学生社区，为学生提供社会化的服务经营管理，并且成为社区的主要管理内容。学生生活社区是学生的生活区域，按照学生社区的管理模式，采用社区化的管理服务办法，着重在为学生提供优质服务上下功夫，形成新型的服务型学生社区。新型的学生社区建立后，富余出来的管理人员全部投入到学生社区中，为学生提供全方位的服务。在社区内设立各类服务网点，设立小型的超市、书店、洗衣间等配套服务设施，使学生在社区内部就可以获得多种服务。在社区的网点内设立学生勤工助学点，为学生提供社会实践机会。

学生社区建立的同时，要有基本的学习生活设施，要健全社区生活指南，以各种文体活动为载体，加强学生社区的文化建设，全面推进学生素质的发展。在学生宿舍内外建造和张贴由学生自己设计制作的各类人文景观及人生格言、警句、艺术作品等。在学生社区内设立学生阅览室、广播台、宣传橱窗、文体活动中心及由学生参与勤工俭学的超市、书报亭等勤工助学基地。还可以在各社区内举办各种学生自编自导自演的大型文艺晚会、音乐会，举办篮球赛、演讲比赛、寝室设计大赛等丰富多彩的文化娱乐活动，寓教于乐。通过这些活动的开展，提高社区的文化氛围，提升学生的综合素质，使得学生社区不仅成为学生学习的园地、生活的社区，还成为开展思想政治工作和培养学生成才的坚实阵地。

第二节 学生社会实践规范化管理创新

一、学生社会实践的重要意义

（一）学生社会实践的含义

学校对人才的培养途径是多种多样的，正确引导学生参加社会实践就是其中重要的一种。人才的培养主要是通过在课堂上系统地传授理论知识来达到的。随着社会生产力的不断提高和发展，对教育和人才培养也提出了新的目标，这种仅

仅靠传授理论知识的方式已渐渐显得不适应。因为现代化的生产过程不仅要求人才掌握大量的理论知识，而且还应该具有较强的动手和创造能力，具有科学的社会观和责任感，具有较高的道德素质和心理素质，这些方面仅仅靠课堂教学是难以完成的。所以，现代工业产生后，社会实践就作为一种重要的教育方式被引进大学的教育过程，其重要作用日益引起人们尤其是教育工作者的重视。

学生社会实践是一种以实践的方式实现教育目标的教育形式，是学校学生有目的、有计划地深入现实社会，参与具体的生产劳动和社会生活，以了解社会、增长知识技能、养成正确的社会意识和人生观的活动过程。学生社会实践是学校教育活动的重要环节，它与课堂教育相辅相成，共同完成学校的人才培养任务，实现学生的全面发展。

（二）学生社会实践的重要意义

1.是学生树立科学世界观的需要

世界观是人们对世界的一般看法和根本观点。任何正常的人在其生活的过程中都会形成自己的世界观，但由于个人生活环境、所受的教育和影响不同，人的世界观也有很大差异。世界观有正确和错误之分，而将正确的世界观理论化、系统化就成为科学的世界观。怎样保证学生形成正确的世界观并使之科学化呢？主要靠两个方面的努力：一是学生要经常与社会接触，不断突破事物的表面现象，深入事物的本质，从而不断校正原来从现象上获得的肤浅的或错误的认识，使自己的认识符合事物的本质及规律；二是要对学生进行系统的思维训练，通过学习前人正确的世界观理论，了解人们在世界观上容易走上歧途的种种可能，让学生对自己的世界观进行经常的反思，并不断地充实新的科学的内容。因而社会实践对学生建立科学世界观很有必要。

（1）参加社会实践活动是学生确立唯物主义历史观的需要。学生的可塑性很强，是世界观、社会历史观形成的关键阶段。学生系统的专业知识学习和思维训练，对于形成唯物主义历史观固然是大有帮助的。但就目前情况看，在校学生接触社会的机会不多，社会经验不足，大部分同学对社会的看法简单化、片面化、理想化，这对学生形成正确的历史观十分不利。克服这一不利的根本途径就是让学生走出校门，深入社会生活，在社会实践中了解社会，从实践中发现真理，在实践中发展真理。这样，才能使他们的历史观与现实生活相符合。

当然，社会实践中接触的都是具体的社会事物，不可能通过一两次实践就改变了对社会历史的看法。不过，处在形成过程中的学生的历史观是容易发生变化的，一旦接触了较多的社会事物，加之正确的引导，就会使他们的历史观发生转变。我们知道，只从政治理论课上学习历史唯物论只能学到"知识"，而要使知识转化为信念，使所学的理论真正转化为学生的历史观，必须通过社会实践。

（2）参加社会实践活动是建立科学的人生价值观的需要。正如马克思主义哲学原理教科书中所指出的，"共产主义世界观和人生观又不是仅仅在书本里、课堂上所能完全树立起来的，还要在生活实践中经受各种锤炼"。马克思、恩格斯的人生观转变不是在课堂上，而是在社会实践中。刘胡兰、王进喜、郑培民、任长霞等英雄人物的人生观也不是仅仅从书本上学到的，当代学生的人生观形成也是如此。通过开展学生社会实践活动，我们发现社会实践活动对学生形成科学人生观至少有如下的作用：首先，它可以帮助学生摒除理想中不符合实际的因素，使他们正确对待个人与社会的关系，培养踏踏实实的工作作风；其次，它可以帮助学生树立坚强的意志，培养无私奉献的精神；最后，它可以帮助学生接近群众，深入群众，为走与群众相结合的道路打下良好的基础。

（3）参加社会实践活动是培养社会主义信仰的需要。学生在不久的将来，就会踏上工作岗位，成为祖国的栋梁，肩负起全面建设小康社会和实现中华民族伟大复兴的历史使命。因此，在当今西方敌对势力加紧实施"和平演变"的新形势下，培养学生的社会主义信仰是学生思想政治教育的首要任务。而对社会主义的感情仅靠读书是得不到的，必须通过对社会主义给中国带来的巨大变化、给广大人民带来的实惠中亲身感受和体验。

2.是提高学生能力的需要

当代学生在一定程度上存在着眼高手低、忽视社会实践、脱离群众、动手能力弱等不足，而积极踊跃地参加社会实践活动，有利于弥补学生的这些不足。当代学生绝大多数是在学校的围墙中长大的，而且越来越"小龄化"，大都走的是从小学到中学再跨入大学的升学之路，从而造成他们社会阅历浅、社会经验少、实践经验匮乏等弱点。受片面追求升学率的思想影响，许多学生只注意书本，不注意社会实践，"高分低能"的状况比较严重。这严重影响了他们在各项建设事业中发挥作用，延缓了他们成才的进程。怎样才能缩短这一距离呢？实践是唯一桥梁。只有通过实践活动，才能使书本知识与实践操作合二为一。事实证明，通过开展社会调查、科技咨询、信息服务、义务劳动等社会实践活动，不仅可以使学生的智力资源得到直接的、有效的开发，达到分数与能力的统一，书本知识与实践的结合，还可以使个性不同的学生通过实践活动各获所求，各取所需，"缺什么，补什么"，从而有效地完善了现行的教学方法，弥补了学生自身的弱点和不足。

3.是知识分子与工农群众相结合的需要

回顾历史，凡是有所作为，有所创造的青少年和知识分子无不投入到轰轰烈烈的社会实践中。许许多多的政治家、经济学家、教育家、军事家、文学家等都是在社会实践活动中茁壮成长起来的。他们在实践中身体力行，为我们提供了光辉的典范。可以断言，如果列宁同志、毛泽东同志不深入工农群众，不投入革命实践，他们就不会创新马克思主义，使无产阶级革命首先在资本主义统治薄弱的国家取得胜利，也不可能在半封建半殖民地国家取得新民主主义革命的胜利。所以，只有广泛、深入地参加社会实践活动，和广大工农群众相结合，才是学生健康成长之路。

4.是实现社会主义现代化建设的需要

当代的学生，将成为我国社会主义现代化建设的骨干力量，我们国家的社会主义建设任重而道远。学生参加社会实践，可以在社会主义物质文明、精神文明、政治文明建设中大显身手，在专业知识社会实践和树文明新风的社会实践中促进经济、政治、文化的平衡发展，从而为社会主义现代化建设贡献力量。

5.是学生社会化的需要

社会化是指个人与社会生活不断调适，使个人由"自然人"发展为"社会人"的过程。学生正处于社会化的最后阶段，显然，在许多方面已趋向成熟，但为了适应社会生活，仍需进一步学习。社会实践可以增强学生的社会责任感。很多学校组织学生到基层开展社会实践活动，使同学们提高了对改革的复杂性的认识，增强了他们的社会责任感。在社会实践中，越来越多的学生认识到，社会需要的不是冷漠的旁观者，也不是抱同情心的捧场者，而需要的是热情的、直接参加这项伟大建设工程的人。通过社会实践，许多学生改变了原来自视清高的习气，自觉并充满激情地投入到学习、生活和工作中。社会实践可以推进学生实现社会角色转变。社会实践活动能够帮助学生找到自己和社会要求之间的差距，看到自身知识和素质上的缺陷，启发学生对自己进行重新认识和正确评估，促使学生从过去的"唯我独尊"的幻想回到现实，重新确立自我价值实现的基点，在纷繁复杂的社会中找到个人和社会的最佳结合点。社会实践可以促使学生与长辈沟通代际关系。由于当前一些学生图安逸，怕吃苦，自视清高，反过来，却认为他们的父辈过于保守、正统。两代人之间形成了一层无形的隔膜，究其原因，主要在于有些学生缺少对他们父辈的了解，他们看不起父辈们那种思维方法和生活方式。在社会实践中，学生以普通劳动者的身份，直接参加社会财富的创造活动，培养了他们尊重劳动成果、尊重父辈的思想感情。总之，在社会实践中，两代人之间可以相互沟通和相互理解，彼此消除对对方的偏见，进而有效地促进两代人之间的有机结合。

二、学生社会实践的发展趋势

（一）实践活动的社会化

学生社会实践活动，作为教育活动的主要形式之一，具有三个基本的构成要素，即实践活动组织者、实践活动本体和实践活动主体。因而，实践活动的社会化，也由这三个构成要素的社会化来组成。而这三个构成要素的社会化，则分别有其不同的含义。实践组织者的社会化，是指动员全社会的力量来关心、组织学生的社会实践活动，这是实践活动社会化的基本条件；实践本体的社会化，是指具体实践活动过程的内容与形式，必须以社会需要和社会所提供的条件为基础，这是实践活动社会化的重要途径；实践主体的社会化，是指通过实践活动，把社会的价值体系内化为实践参加者的价值体系，使之成为高度合格的社会成员，这是实践活动社会化的根本目的。由此可见，实践活动的社会化，就是指动员全社会的力量，组织以社会需要和社会所提供的条件为基础的实践活动，达到把学生培养成为高度合格的社会成员的目的。

1.实践活动组织者的社会化

从近年学生社会实践的实际情况来看,社会实践活动凡是得到社会各界支持的,一般都取得了较好的成绩。但从发展的角度来看,当前社会实践活动社会化的程度还远远适应不了进一步发展社会实践活动的要求。社会实践活动的深入开展必然会出现人数多、空间广、时间长、效率高、内容实的特征,而这些特征的出现,必然依赖于社会各方更多的支持。

实践活动必须得到党和政府的支持。党和政府对人才的培养具有不可推卸的责任,且在人才培养方面占据重要地位。学生的社会实践活动,作为国家培养高层次人才的重要环节,必定会受到党和政府的关心和支持。实践活动必须得到学校自身的支持。学校作为教育培养学生的责任人,具有最直接组织学生社会实践活动的优势,而组织学生社会实践活动,又是学校完成人才培养任务的重要手段。因此,学校在组织学生社会实践的过程中,应积极地起到主导作用。实践活动必须取得社会团体和企事业单位的支持。通过社会团体来支持社会实践活动,才能调动更多的人来支持实践活动;企事业单位作为学生未来的工作场所,具有作为社会实践活动基地的现实意义,而实践活动在企事业单位开展,又必须有企事业单位提供的种种便利条件。

2.实践活动本体的社会化

实践活动本体是学生有目的地与外界不断发展的现状发生联系,并相互作用的具体实践过程。这一过程是学生不断强化自身本质力量,促进自身全方位社会化的重要途径。实践活动本体的社会化,正是指这一过程的内容和形式,必须以社会的需要和社会所提供的条件为基础。实践活动本体的社会化,应建立围绕教学的实践与其他方面的实践有机结合的理想目标模式。

围绕教学的实践主要包括教学实验和教学实习等。这是一种配合课堂教学而进行的实践活动,它直接与学生所学知识以及自身具备的能力发生联系,是初级阶段运用最多、群众性最强的实践活动,也是学生进行其他方面高层次实验的能力准备环节。我们不应当过分追求其他方面的实践而忽视教学实验和教学实习。其他方面的实践包括社会考察、社会服务、勤工助学等。这是间接地与学生所学知识和自身具备的能力发生联系,也是学生围绕教学进行实践的成果检验。这些方面实践的主要形式有社会调研、参观访问、旅游观光、技术培训、咨询服务、社会宣传、科技开发、挂职锻炼等。由于这些方面的实践和社会联系得更紧密，一般较受学生的欢迎，但必须注意使之在时间、资金、人力上同围绕教学的实践互不干扰，在学校统一布置的基础上使两者达到和谐的统一。

3.实践活动主体的社会化

实践活动主体的社会化，实际上要完成的是学生社会化的加速，是要将学生培养成为高素质的社会成员．是要通过社会实践使学生更快地在社会中汲取社会能量和获得社会信息，并通过各方面的自我调适，增强自身的能力和素质，完成自身全方位的社会化。而促进实践主体的社会化，必须注意以下几个方面：

第一，实践主体自身系统应具有开放性。开放性系统要求学生不能在自我封闭的状态下自我满足，而是必须同自身周围的实践环境进行物质能量和信息的交换，并依靠这种交换保证自身由不稳定向相对稳定过渡。而这种开放性不仅要求学生确定"当今天下，舍我其谁"的高度责任感，而且要求学生必须具备敏锐的对外界事物接收、分析、处理和运用的能力，从而使自己在实践中不断得到发展和提高。

第二，实践主体应不断进行自身角色的调适。学生的实践角色与其社会期望角色之间，总有一定的角色差距。而学生在实践过程中，由于自身是一个开放系统，就能够认识到这种差距并调整自己的学习和实践，从而使自己的角色得以实现，使自己在社会实践中的社会化任务得以完成。

第三，实践主体应促成自身个性的形成。个性化是社会化的一个高层次组成部分，社会化中如果没有个性化的存在，就会变成统一化和模式化，就只能造就墨守成规、死读书本的书斋先生，就会使人失去改造社会的生机和活力，失去创造性和开拓性。因此，学生在社会实践中，应勇于思考、敢于发现、认真锻炼，促进自身个性的形成。

（二）实践制度的规范化

实践制度规范化的目的，是为了使社会实践活动做到有章可循、有据可依，保证社会实践活动持续有效地开展。它的标志，是富有权威、系统全面、切实可行并具有自我发展机制的实践制度体系的建立。

1.实践制度的规范化是社会实践活动发展的必然趋势

人的思想认识不能代替规章制度,没有完善的、系统的规章制度,不注意实践制度的规范化,只凭各级实践组织者的临时决策组织实践活动,决策正确,则可促进实践成果的取得;决策失误,往往会阻碍实践的深入。因此,要保证社会实践持续稳定的发展,必须改变人治局面,完善实践制度。当前加强实践制度的规范化工作,不仅非常迫切,而且非常必要。首先,加强实践制度的规范化工作,有利于促使全社会的力量来共同关心、组织学生社会实践活动,形成全社会组织学生社会实践活动的强大"合力"。其次,加强实践制度的规范化工作,有利于实践组织的科学化。

由于现实的实践基础已经存在,加强实践制度的规范化工作已成为可能。当前,各级党政群团组织、各个学校已开始了社会实践工作,不少企业也为实践活动的开展提供了资金、基地和其他各种方便,且近年来已制定了一些关于社会实践活动的规章制度,这些有利因素为强化实践制度的规范化奠定了较为坚实的基础。

2.实践制度的规范化要求各级实践组织者必须制定出正确的实践制度

实践制度的规范化,不是各种实践制度的单独罗列,也不是各种实践制度的简单相加,而是要在各级实践组织者协同的基础上建立科学的实践制度体系。这个体系首先要求各级实践组织者正确地制定制度,同时要求制定的各种实践制度相互衔接,对于衔接不紧密的地方,应及时加以调整。

党和政府对实践制度的正确制定。在实践制度的制定方面,党和政府必须起到宏观统一管理制度制定的作用。要首先着眼于建立统一机构,实行统一规划、统一决策、统一目标、统一评价,促成社会实践活动的统一性、系统性、整体性、持续性,充分发挥社会各界的力量,保证社会实践发展的正确方向。同时党和政府作为核心的组织者,要协调各个单位部门之间的关系,激发各个单位部门的责任感和积极性。

学校对实践制度的正确制定。在学校,大部分社会实践活动是由思想政治工作部门(如学生处、学生会)来组织实施的。由于学校、社会的各种因素的影响主要利用假期进行,由于缺乏制度和支援保障,严重制约了学生社会实践活动的深化。为改变这种状况，就必须加强学生社会实践中的制度化建设。首先，学校应将社会实践活动纳入学校教育、管理工作的体系中，由相关职能部门组织落实；其次，将学生社会实践活动的表现以及成绩作为全面考核学生素质的重要内容；最后，要建立相应的制度，保证教师组织参与社会实践的积极性。

社会团体和企事业单位对实践制度的正确制定。众多支持社会实践活动的社会团体，在制定制度的过程中，团组织要通过量的指标确立各级团组织的组织实践任务，并通过对岗位职责的定期考核和将考核结果作为团组织的工作评价内容，来激发各级团组织和团干部组织实践活动的责任感和积极性。

各级实践组织者对实践制度的共同协调。学生社会实践活动作为系统工程，要求各级实践组织者制定的实践制度必须协调一致，对于不能衔接的地方，应予以调整。各级实践组织者必须首先注意认真学习实践组织核心即党和政府所制定的实践制度，在了解统一规划、统一决策、统一目标的基础上，制定自己的实践制度，同时加强各方的沟通和联系。

3.实践制度规范化的标志是实践制度体系的建立

在各级实践组织者对实践制度正确制定和共同协调的基础上，实践制度必然逐渐趋于规范化，而实践制度达到规范化的标志，是富有权威、系统全面、切实可行并具有自我发展机制的实践制度体系的确立。如果能够建立起具备这样特征的实践制度体系，就标志着实践制度已达到了规范化的程度。

（三）实践组织的科学化

作为系统工程的学生社会实践活动，要获得最理想的效果，不仅取决于实践活动的社会化程度和实践制度的规范化程度，还取决于实践组织过程中的科学化程度。学生社会实践活动，作为教育的重要组成部分，社会将会对它提出越来越高的要求。而实践组织的科学化，正是要通过不断研究社会实践的基本规律，并严格遵循规律组织实践活动，动态地满足社会的要求。因此，实践组织的科学化，就成为社会实践活动发展的必然趋势，它将贯穿于社会实践活动的全过程。而具体实践组织过程中实践组织的科学化，又依赖于实践活动有机组织系统的确立和学生组织理论的指导。

1.实践目标设定和方案优选的科学化

实践目标设定和方案优选实际上是实践活动的设计过程，它将确立的是整个实践活动的蓝图和指南，因而也是整个实践系统工程释放最大量最优化工程的基础环节。要使实践目标设定和方案优选科学化，就必须做到以下几点：

（1）实践目标设定基本科学。所谓实践目标设定基本科学，应包括三方面的内容：第一是要求实践目标的切实性，即实践目标的设定不是组织者一时冲动的结果，而是在对社会、学校、个人三方面要求深入调查的基础上做出的，通过努力可以达到的。第二是要求实践目标的层次性，这个目标又包括两个层次：首先是总体目标，即培养社会主义事业的接班人。其次是具体目标，它既是总体目标的具体化，又是总体目标的分解，规定具体实践活动所要完成的任务。第三是要求实践目标的发展性。由于教育活动周期较长的特有规律，实践目标的设定不仅要以现实为基础，还要以未来对人才需求的趋向为依据。

（2）实践方案优选基本科学。实践方案优选的好坏，不仅关系着活动目标能否完成，而且决定着整个实践能否成功。一般来说，实践方案优选：首先，需要遵循方案设计的广泛性原则，即要从多方面、多角度设定方案。其次，实践方案优选还要遵循方案选择的民主性原则，即优选方案应征求实践组织者、实践参加者的意见。最后，实践方案优选需要遵循方案确定的最优化原则，即优选方案必须考虑到活动时期社会的需求、参与实践者的客观条件与主观性限制等。

2.实践方案实施的科学化

实践方案实施的科学化，就是要尽量减少方案实施的阻力，以更好完成已设定的实践目标。因此，要求实践组织者在实践活动本体运行前，必须注重实践客观条件的准备和实践主体的调适，像资金的落实到位，实践基础的准备情况，实践指导老师的确定等；在实践活动本体运行中，必须注意对反馈信息的收集、整理、分析，并在此基础上对实践方案、实践活动本体、实践活动主体进行调控。

3.实践成果总结的科学化

要达到社会实践培养社会化学生的目的，就必须认真做好总结、消化、吸收工作，从而进一步深化社会实践的成果。

加强社会实践活动各环节、各方面的考核。一要考核学生在实践中的表现，包括参加社会实践的时间长短、态度好坏、所在单位的评价；二要考核学生实践的收获，着重看学生认识国情、了解社会、认识自己的思想觉悟的提高和知识、智力、技能的提高；三要考核调查报告、心得体会的写作质量。同时，上级组织者还要考核下级组织者各方面的组织情况。

扩大成果，将单个的社会实践成果转化为学生共同的精神财富。要举办社会实践心得交流会，学生谈体会，交流实践感受；要举办实践成果展览，让更多人受到启迪教育；要举办跨校成果评比交流，让实践成果在不同学校间流通。

升华思想，把感性认识上升到理性认识。要重点抓学生对坚持社会主义道路、树立为人民服务人生观、走与工农相结合道路重要性的认识，要重点抓学生对艰苦奋斗的重要性、改革开放重要性、解放思想重要性的认识。

在实践中体会和总结组织理论，并运用理论进一步指导社会实践、各级实践组织者，要通过实践组织理论的研究、交流，进一步深化社会实践管理经验，使社会实践在广度、高度、深度上进一步发展，更好地为培养社会化学生服务。

三、学生社会实践的实施

（一）学生社会实践的形式

1.参观型社会实践活动

这种社会实践活动通常是组织学生到风景名胜、工厂参观考察，座谈了解。虽然对学生能起到一定的教育作用，但与现在的公款旅游有些类似，除了增进学生之间的友谊，加深学生对祖国大好河山的了解以外，能真正达到教育的目的的可能较少。于是学校就把这种社会实践活动作为对优秀学生或学生干部的奖励，组织少量学生参加，但花钱较多，取得的效益却不大。

2.活动型社会实践

活动型社会实践以文化、科技、卫生三下乡为主，通常做法是学校与某地联合，在某地以学校为主，组织一台甚至几台文艺演出，动员群众前来观看，或组织大型的科技咨询、文化宣传、医疗服务活动，场面宏大，气氛热烈，影响也较大，但投入多，组织复杂，参与学生也不是很多。目前这种社会实践活动已成为学生社会实践活动的主要形式，但值得改进。

3.生产型社会实践活动

这种社会实践以高年级学生参加为主，他们参加生产活动的某一环节，成为其中的一员。一方面，既利用自己已有的知识促进生产的发展；另一方面，又在实践中学到了书本上没有的知识，相得益彰。这种社会实践活动花钱不多，但效果实在，达到了帮忙不添乱的目的，有较强的生命力。

4.课题型社会实践活动

学校以老师牵头，各相关年级学生参加，组成课题小组，承担政府或企业的课题，通过广泛深入的调查宣传活动，对课题进行攻关。这种社会实践活动学生参加的积极性比较高，而且能得到一定的社会资金支持，也能长期开展下去。

5.挂职型社会实践活动

这种社会实践活动主要是以组织的形式到机关、社区、乡村挂任各种职务的助理，做一些社会工作。这种社会实践活动受到机关、社区、乡村的欢迎，但目前参加的人数较少。

6.学生自发型社会实践活动

学生在假期，通过参加社会招聘活动、上门自荐活动等形式，参加到各种社会生产活动中去，除体验社会生活的酸甜苦辣外，还能利用自己所长，在为社会服务的同时，取得一定的报酬，补贴学习或生活所需。这种社会实践活动除参加的学生较多外，学校支出也不是很大，应该进行鼓励。

7.互动型社会实践活动

这类实践活动的参与者既有学生，又有城乡基层的市民、农民。在活动中，他们互为参照对象，通过相互学习、相互帮助，不仅双方共同获得进步，同时也促进了社会主义物质文明、精神文明、政治文明建设。

（二）学生社会实践的内容与方法

1. 社会调查

深入城镇、乡村，开展社会调查、考察；深入城乡各地、部队、科研院所、企事业单位开展社会考察和社会调查活动，从而引导学生了解社会、了解国情，同时对社会和企业的发展献计献策。社会调查和考察的直接目的是了解社会的实际情况，认识社会现象的本质及其发展的客观规律，是一种搜集和处理社会信息的方法，在现代社会具有越来越重要的作用。当前，学生社会调查逐渐向专题化、重效益、重应用方向转化。社会调查的内容很多，例如，可通过走访工农群众、干部、军人、知识分子等，开展对社会现状的调查；也可通过了解城乡经济发展现状，开展国情民情考察；还可通过了解科技对经济和社会发展的影响，开展依靠科技进步及科学管理发展经济的专题调查等。并且社会调查方式也比较灵活，有文献调查法、访问调查法、问卷调查法等。

2. 科技服务活动

科技服务活动面向经济建设主战场，面向城镇社区、县乡的中小型企业、乡镇企业，结合所学专业，发挥技术特长，在教师的指导下开展科技攻关、工程设计、科技成果推广、科技咨询和技术服务等活动，使科学技术为现实生产服务。

3. 文化服务活动

深入城镇社区和贫困乡村，开展文化培训、科普讲座、法律宣传和咨询活动，服务社区和乡村的两个文明建设。

4. 公益劳动和文明共建活动

包括校内公益劳动，校外社区服务活动，与企事业单位、部队、科研院所、乡村、居民委员会等单位开展其他形式的文明共建活动。

5. 互动活动

学生党员与城市社区党员、农村基层党员、企事业单位党员在建立党的先进性教育长效机制中互动活动。

6.信息服务

信息服务是指通过一定的途径把人才、工农业、科学技术及社会生活等方面的信息资源的开发利用情况提供给被服务单位，并把被服务单位的信息传递出去，以期取得一定的人才效益、社会效益和经济效益。学生通过在校的学习，掌握了一定的专业知识，可以通过开展信息服务把信息资源的开发过程及成果传播到各个领域，进一步加以利用，在信息资源的开发和利用之间架起了一座桥梁。

7.勤工助学

勤工助学对学生个人和国家都有重要的意义。对个人，它有助于学生个人的成长和成才；对国家，它有助于国家高科技人才的培养，有助于国家教育制度的改革和教育的不断发展。在假期，通过做兼职教师、推销员、打字员、秘书、酒店服务员等工作，一方面，可以在一定程度上解决贫困生的经济问题；另一方面，也是学校开展社会实践活动、培养学生独立自强精神的有机组成部分。

8.教学实习

教学实习是教学计划内的社会实践，是在教学计划规定的时间内进行的，要求每个学生必须参加并取得学分，是实现专业培养目标、保证人才质量的必修课。教学实习，包括认识实习、生产实习、毕业实习等，是理、工、农、医等专业学生社会实践的主要形式，是把生产劳动引入教学，对学生进行思想政治教育、职业道德教育、专业教学和职业训练的基本环节。

四、学生社会实践的制度建设与创新探索

（一）学生社会实践的制度化建设

学校把学生社会实践活动纳入整体教育计划，通过制定短期规划、长远规划和配套文件，形成一套完善的学生社会实践制度。它对实践活动的指导思想、方针原则、目标要求、形式内容、方法途径、时间要求、成绩考评、工作量计算、奖励办法、组织领导以及有关政策都做了明确规定，并随着学校体制改革不断加以修订，使活动贴近学校发展实际，使活动有章可循。一个成功的实践制度，应包含以下内容：

1.社会实践活动领导小组制度

学校应成立由分管学生工作的党政领导和教务、科研、总务、学生处、团委等部分单位组成的学生社会实践活动领导小组,负责对全校社会实践活动进行统筹安排、制订计划、组织落实。

2.完善两种不同类型的社会实践基地建设制度

随着学生社会实践活动不断走向成熟,社会实践基地建设制度也成为一种趋势。相对于实践初期的分散,社会实践基地活动可以有长远的计划,为培养人才制定完备的方案,同时,也有利于基地方与校方建立长期互惠关系,使社会实践在双方自愿的基础上健康发展。社会实践基地制度建设包括两方面的内容:一是为教学研究服务的社会实践基地的制度建设。这类基地建设包括城市工商企业、农业生产单位等。二是思想政治教育和党建社会实践基地的制度建设。这类基地包括城市社区、农村基层组织、各类爱国主义教育基地(包括革命纪念馆、革命博物馆、烈士陵园等)。

3.实行两种不同类型社会实践的指导教师队伍建设制度

开展学生社会实践活动的经验证明,实践活动要取得成效离不开教师的积极参与,因此,必须建立社会实践指导教师制度。两种不同的社会实践需要不同的指导教师,为教学研究服务的社会实践由专业教师或相关专业的技术人员作指导教师;思想政治教育类的社会实践,由政治辅导员、政治理论教师或校外政工干部作指导教师。借助指导教师在人格、理论、知识、专业上的优势,增强社会实践的生命力,完成在实践过程中全方位育人的功能。制定社会实践指导教师制度一般要考虑以下因素:一是基地的性质(教学研究服务的社会实践基地与思想政治教育的社会实践基地,两种不同的社会实践基地对教师的要求有所不同),二是学校的有关政策,三是教师的地位和作用,四是实践过程中的组织领导,五是纪律要求,六是地点的选择和安排,七是职称评审和职务晋升,八是工作量的计算。当然要注意与由学校相关职能部门及分管学校领导组成的领导小组协调进行。

4.社会实践考核与激励制度

考核激励是提高社会实践活动成效的有效方式之一。对学生参加社会实践活动定内容、计学分；对教师定任务、计工作量；对社会实践活动情况要做到"八个挂钩"：与学生德、智、体综合测评成绩挂钩，与奖学金挂钩，与评选先进个人和集体挂钩，与团员民主评议、推优入党和推荐免试研究生挂钩，与评选优秀党团员挂钩，与学生的学分挂钩，与单位和个人经济利益挂钩，与教师工作量和干部业绩的奖惩挂钩。这样，才能调动学生、广大教师干部以及社会各界、各单位参与社会实践的积极性、主动性，使社会实践形成有机运作、自我驱动、有轨发展的动力机制。

（二）学生社会实践的新探索

新的时代不仅对学生有了新的要求，同时赋予了学生社会实践新的任务，要适应时代，就必须实现学生社会实践理念上的更新。第一，将学生社会实践与建设社会主义新农村的需要结合起来。一方面，学生是掌握着一定基础知识和专业知识的青少年知识分子，他们的参与，无疑会有效地促进社会主义新农村的建设。另一方面，学生加入社会主义新农村的建设中，又会给他们的专业知识提供用武之地，使他们的实际能力得到提高。将学生的社会实践与建设社会主义新农村的需要结合起来，意味着我们对学生的社会实践在观念上要有一个更新或变革，即要从过去单方面地将学生作为社会实践的受动者，通过社会实践提高工作能力，培养良好的思想品德，转变为学生既是社会实践的受动者，又是社会实践的"授动者"，学生作为科技知识和精神文明的载体在实践中去建设社会主义新农村。第二，将学生社会实践与城市社区精神文明与政治文明建设的需要结合起来。当我们将学生既看作社会实践的受动者又视为社会实践的"授动者"时，就应充分利用学生这一科技知识和精神文明的载体，将其运用到变革社会的活动中去。将学生的社会实践与城市社区的精神文明和政治文明建设的需要结合起来，持久、稳定而有效地开展社会实践教育活动，使学生在促进城市社区精神文明与政治文明的社会实践中，自身也得到提高和锻炼。在这类社会实践活动中，学生可以将学校思想政治理论课中所学习到的内容应用于实践活动中，既能将知识活用，又能深化理论认识，同时还可以通过自身努力，促使社会变革，成为推动社会文明进步的重要力量。

第六章
学生管理实践——班级管理中的情感教育

第一节　班级管理中的情感教育现状

一、我国学校教育中的情感教育现状

我国实施素质教育，对促进青少年心灵健康成长起到了良好的作用。作为素质教育重要的组成部分，情感教育以艺术教育为核心，形成和德育、智育、体育、劳育互补互促的重要形式，开始渗入教育方针、进入课程体系，体现在课程改革的教学环节里。教师们一直在研究如何在所教学科中渗透情感教育，一些学校建立了素质教育基地，开展了丰富多彩的活动。除了学校教育以外，情感教育拓展到了社会教育，从而带动了情感理论和美育实践的发展。可以说，艺术教育的普及、课程体系的改革、教育理念和教育方式的转变，都促进了情感教育的发展。情绪心理学的发展为情感教育的拓展和深化提供了理论依据和实践条件。情感教育在人的心智平衡、心理健康、社会性发育和人格发展等方面发挥着越来越重要的作用。

（一）情境教学

1.暗示原理

作为一种有目的、有计划的活动，教师在教学的过程中习惯于将知识直接灌输给学生。在这种情况下，学生的主体地位无法实现，很难从学习中获得满足感，他们的潜力得不到开发，不能真实地表达自己的情感，在一定程度上阻碍了知识的获得和能力的发展。情境教学法通过情境的创设，使学生的学习环境得到优化，从而促进他们在思维和情感方面的发展。学生在情境中形成了一种无意识的心理倾向，能够主动地投入情境开展学习，情不自禁地将自己真实的情感表达出来，对学习的内容做出迅速的反应。这种不显露目的、用创设情境、优化情境

的间接方式,对学生的心理及行为产生影响,从而一步步达到既定的教育目标的过程,就是暗示的作用。[①]在教学中,教师要发挥暗示的作用,激发学生的学习欲望,使他们对知识产生强烈的渴望,发自内心地愿意学习。通过情境的创设,教师和学生在心理上产生了共鸣,学生的潜能被挖掘了出来,使他们在学习的过程中获得了最大的发展。

2.情境认知理论

20世纪80年代,情境认知理论诞生了。科林斯(Collins)、布朗(Brown)、杜基德(Duguid)是情境认知理论的代表人物。情境认知理论认为,知识的教授要以学习者为主体,教学内容要和生活实践相联系。情境认知理论的演变历程和学习理论发展的三个阶段是相辅相成的关系。

第一个阶段:由于受到行为主义的"从刺激到反应"这一理论的影响,提出人的思维是从单纯的刺激到反应的过程,忽视了人的主观意识,受到了认知主义理论的批判,从而促使了情境认知理论的发展。

第二个阶段:认知学习理论认为,人是依靠头脑思维完成认知、分析信息与获得信息的,而不是在外部条件下自然而然地形成的。人类学习依靠人体自身具有的认知结构和外部环境的刺激。

第三个阶段:建构主义学习理论要求教师要由单纯的知识的传递者转变为以学生为中心,帮助他们获取信息和知识系统的构建者。基于构建主义理论,形成认知与学习,从而标志着学习理论的转型。

(二)愉快教学

愉快,顾名思义,就是内心感到开心快乐,属于心理学范畴的一种积极的情绪体验。根据科学家的研究,愉快即大脑内的一个被称为"快感中心"的区域受到外界刺激,进而在人脑内发生生化反应,产生令人快乐的电流。该项研究还表明当人类感觉愉快时,身体的各项机能都处在兴奋状态,大脑处在高度活跃时期。在这一时期人的记忆力处在巅峰状态。同样的道理,将这种愉快的情绪带入教学能产生事半功倍的效果。因此,笔者认为,愉快教学即将愉快的情绪带入课

[①]李吉林.情境教学——情境教育[M].济南:山东教育出版社,1999:74.

堂教学，用精湛的教学艺术刺激学生大脑中的愉快区域，使学生在课堂学习中能将知识潜移默化地融入脑海中，从瞬时记忆或短时记忆转变为长时记忆，积极主动地汲取知识，达到课堂的最优效果。从本质上说，愉快教学就是教师的教和学生的学有机地结合起来。在教学过程中，学生通过教师的积极引导，产生浓厚的学习兴趣和对知识的渴望，教师则运用灵活的授课方法，使授课过程变得简单有趣。这样，师生都能获得愉快的感受，并且都能有所收获，从而形成教学相长的双边关系。愉快学习具有以下特点：

1.全体师生是对象

愉快教学除了面向全体学生以外，还面向全体教师。过去，教学只是为了完成规定的教学任务。教师一味地向学生灌输知识，很少考虑学生是否能够消化得了。教师需要全面了解每个学生，比如学生的听课习惯、思考方式、掌握知识的程度等，不断反思自己的教学，调整教学方法，以便让每个学生都能够跟上自己的步伐，为学生创设轻松愉快的课堂气氛，同时激发自己的教学热情，从而达到师生"双愉"的状态。

2.激发学生的学习兴趣是关键

兴趣，心理学解释为积极探究某种事物或者进行某种活动的倾向[1]。激发学习兴趣是愉快教学的关键。全国著名教师郎补俄认为，课堂教学的根本在于培养学生的学习兴趣。他总结的课堂教学"一票否决"和"百花齐放"制度，非常简明扼要地阐述了学习兴趣的重要性。"一票否决"指的是教师必须培养学生的学习兴趣，把学生教得越来越想学，就算是成功，否则还得继续努力。"百花齐放"指的是教师要不拘一格，无论用什么方法，只要能培养和激发学习兴趣都是好招，都可以用，不必拘泥于条条框框[2]。一旦学生的兴趣被激发，学生就会产生强烈的求知欲，不理解的知识一定要弄懂，没明白的内容一定要掌握，这样就会形成高效的课堂学习氛围。

---

[1]林培锦.勒温场理论下当代大学生学习兴趣的培养探究[J].中国大学教学，2015（06）：67-71.+

[2]郎补俄.揭开学习兴趣与班主任工作规律的奥秘[M].内蒙古：内蒙古大学出版社，2016：22.

3.课堂教学达到最优效果是目的

愉快教学是遵循学生的生理规律和心理规律，以学科特点为出发点，在授课过程中以各种教学艺术感染学生、引导学生、启发学生。在高效完成每节课的同时，培养和保护学生的好奇心，使学生的学习兴趣渐渐浓厚。教学改革的根本目的就是要革新枯燥乏味的课堂教学，使其在教师的循循诱导下变得高效。愉快学习使学生将苦学变为乐学，将被动学习变为主动学习，将乏味学习变为愉快学习。愉快教学是一种能够渗透到课堂方方面面的教学方法。实施愉快教学，短期来说可以改变学生厌学的问题，长远来说对素质教育、终身学习都有莫大的好处。

（三）探究教学

教学研究离不开对学习的研究，有教学就有学习，反之亦然，探究教学也是如此。探究学习是一个"舶来品"，来自英文中的"inquiry study"。任长松指出，英语"inquiry"一词来自拉丁文的"in"或者"inward"，也就是"在……内"和"quaerere"（寻求，咨询）[1]。《牛津英语词典》对"inquiry"的解释是：通过搜索信息、知识等来寻求真理的活动，是通过调查搜寻、研究分析、询问和质疑的求真行为[2]。沃尔夫（Wolf）和弗雷泽（Fraser）认为，探究式教学是通过学生调查研究实际现象，提高科学认识，培养科学研究能力和团队协作能力的教学方法[3]。通过以上论述我们能够知道，探究是一种活动，目的是得到知识或信息和求得真理，方式是提出问题、质疑，分析和调研，关注的是学生在探究过程的主体性。任长松认为，探究学习就是学生围绕一定的问题、文本或材料，在教师的帮助和支持下，自主寻求或自主建构答案、意义、理解或信息的活动或过程[4]。徐学福认为，探究学习是模仿和学习科学研究的过程[5]。靳玉乐在《探究教学论》中指出，"探究教学"中有两个互相关联的部分，其一是围绕"学"的探究学习环境，其二是教师为探究提供的相关的指导，目的是确定探究的方

---

[1] 任长松.高中新课程与探究式学习[M].天津：天津教育出版社，2005：28.
[2] 刘云.高中数学教科书中探索内容的使用研究[D].重庆：西南大学，2016：37.
[3] 徐学福.探究教学研究[M].桂林：广西师范大学出版社，2005：33-36.
[4] 任长松.高中新课程与探究式学习[M].天津：天津教育出版社，2005：28.
[5] 徐学福.探究教学研究[M].桂林：广西师范大学出版社，2005：33-36.

向①。因此，所有的带领学生进行模拟科学研究的教学行为，都可以称为"探究教学"。国内外学者基于不同标准，将探究教学进行了分类，下面介绍两种典型分类。格尔曼（Germann）根据学生能够独立提出问题和做出解答的水平，将探究教学课堂分为：加强型、结构型、引导型与自主型。丁邦平根据教育思想和哲学理论将探究教学分为发现式科学探究教学、接受式科学探究教学和建构式科学探究教学。

探究教学有以下四个特征：①主动性。探究式教学强调在学习过程中学习的主体地位，学生在学习过程中的自主探索、创新和实践是探究学习的重要特点。②实践性。学生在探究学习中不仅要动脑还要动手实践，在实践中增长知识，培养能力。③过程性。探究学习比传统的学习方式更加强调学生的学习过程。关注学生在探究学习过程中的行为表现，不仅是学到的知识，过程本身也是一种重要的收获。④开放性。探究活动的开放性是它的重要特性。探究的问题可以是教师指定的，也可以由学生讨论提出。为了解决问题，学生会经历各不相同的探究过程，体现学生的创造力。学生最终探究的结果也是开放的，由于学生看待问题和处理问题的方法不同，其结果也各具特点。

（四）思想政治教育

1.开展爱国主义教育

爱国就是指人们热爱自己祖国的感情。我国拥有悠久的历史文化和锦绣河山，爱祖国的大好河山，爱传统文化都是爱国的一种表现。正确认识我国的历史，了解祖国人民遭受封建统治压迫、帝国主义侵略的历史，以及在共产党正确领导下全国各族人民战胜艰难险阻，取得了革命的伟大胜利。感受到我国社会主义制度的优越性，作为祖国未来的接班人，要立志为祖国建设作出贡献。

2.进行中华优秀传统文化教育

逐步摸索传统文化和学生人格教育相结合的教育教学之路，借鉴传统文化的作用，以培养学生具备优秀的人格品质，实现新形势下学生德育、人文教育的全面发展。

---

①靳玉乐.探究教学论[M].重庆：西南师范大学出版社，2007：15.

3.进行革命传统教育

革命传统精神是中华民族的优秀精神。以主题班会、宣传海报等方式向学生介绍革命精神的内容，感受革命精神所蕴藏的力量，体验革命精神的时代内涵，缅怀革命先烈的丰功伟绩，弘扬革命传统，传承民族精神，为实现中国梦而奋斗。

4.开展道德与法治教育

义务教育《道德与法治》教材根据学生的心理发展水平和认知特点，联系学生的生活经验，通过中华优秀传统文化、法治等主题教育，由近及远、由浅入深，引导学生认识和践行社会主义核心价值观，做到"内化于心，外化于行"。《道德与法治》以生活主题的方式整合和编排学习内容，围绕主题选择知识、创设情境，将学习内容有机融入学生不断扩大的生活领域、日渐形成的社会关系和逐步丰富的实践活动中，引导学生运用生活经验，展开思维、体验情感、付诸行动。

5.进行时事政治教育

近年来，我国越来越重视将时政教育融入学校德育课程教学中，对学生进行时事政治教育的内容、方法十分丰富。根据当日时政，如国内外重大事件，或在元旦、八一、国庆等节日前后，以图片为主，辅以少量标题性文字，利用各种宣传平台、开展班会等教育活动进行时事政治教育。

二、情感教育的理论基础

（一）罗杰斯的人本主义情感教育理论

罗杰斯认为，教育的目的在于激发学生学习的动机，发展学生的潜能，形成积极向上的自我概念和价值观体系，最终使学生能够教育自己。罗杰斯突出了情感在教育中的作用。罗杰斯指出，首先，教师应用情感进行教育；其次，学生的认知过程和情感过程是有机的统一体；最后，要创造师生情感交流的教育环境。

（二）苏霍姆林斯基的"情感动力"思想

苏联教育家苏霍姆林斯基研究的和谐教育，即通过丰富多彩的精神生活，保证个性全面发展，保证个人天赋才能的充分表现，使学习富有成效。和谐教育的内在、恒久的支柱在于建立学生学习的积极的"情感动力系统"。

（三）英国的体谅教育

20世纪60年代，英国的学校兴起了一种以培养道德情感为主的道德教育方式，叫作体谅教育。体谅教育的基本思想是多关心、少评价，认为道德教育不应只是分析规则和禁令。彼得·麦克费尔（Peter MacPhail）是体谅教育的代表人物。彼得·麦克费尔认为，道德靠理解和领会，主张富有成效的教育就是学会关心。

（四）美国的情感教育

当代美国的情感教育在理论上以布鲁姆（Bloom）等人提出的情感目标分类为指导，在实践上则以职业指导和咨询为主。情感教育的特点是利用专家的力量为那些有特殊的和显而易见需要的学生服务。

（五）其他国家的情感教育

世界各国也在尝试各种情感教育，荷兰通过激励实施情感教育，即学校给学生提供一个安全空间，让学生被尊敬。西班牙则为学生提供全面的训练，以便学生能够塑造自己的个性，并发展道德的和伦理的价值观。

三、我国学校情感教育分析

（一）情感教育被忽视的原因

1.理智教育限制了情感教育的存在空间

长期以来，学校都非常重视理智教育。在教育过程中，重视理性知识的传播，轻视情感经验的积累，重语言、概念、逻辑推理能力的训练和提高，轻情感表达、情感表现能力的培养和发展。这种程式化、单一化的经验模式忽略了人的情感特征，不能满足人的各种不同情感需要，难以激发、调节人的情感机制，因此也谈不上对人的情感产生深刻影响。这样，制约了教师实施情感教育的积极性和可能性。

2.忽视情感导致学生情感饥渴

情感饥渴对学生而言，主要表现为应有的情感关怀和情感交流缺乏，渴望得到却无法获得而产生的一种情感障碍，多见于孤儿、单亲家庭子女和学困生。通常情况下，产生情感饥渴的学生表现为对他人敬而远之，想接近别人又怕受到拒绝和嘲笑。久而久之，就形成了孤僻冷漠的性格，表现为对集体和他人漠不关心，对得宠者嫉妒和仇视等。有的情感饥渴的学生甚至发生情感偏离性转移，即把受挫的情感转移到不正常的，甚至是不健康的情感体验上。

3.师道尊严思想影响情感教育生成

在封建的师生关系中，教师之于学生，有无可辩驳的真理和权威性，学生服从教师是天经地义的。这种不平等的师生观影响至今，使一些个性比较强的学生往往难以接受，导致师生关系紧张，从而影响情感教育的生成。

（二）忽视情感教育的弊端

1.不利于师生关系的和谐，从而影响智育教学的发展

在有的教师的思想深处，他们的教育理念是以师为生纲。在教学中，他们认为自己具有权威性，不允许学生反驳自己的观点。在管理上，他们和学生建立的是一种"你听我讲"的专制型关系。这种关系的基础是等级主义的，必然导致学生产生消极心理、做事被动，使师生关系趋于紧张，从而影响智育教育。

2.不利于学生健全人格的培养，阻碍学生心理健康的发育

教师对学生的影响不只是智力上的影响，更有思想人格的影响。一个受过情感教育的人，为人一定温和、谦逊、善于与人沟通，而不会是一个专横、任性的人。教师应该给予学生更多的关注、关爱，更多的鼓舞和欣赏，这有益于防范和消除病态的自我中心和自我膨胀，培养学生健全的人格。

（三）我国情感教育需要解决的问题

1.现代化的情感教育理念

我国的传统文化以人文文化为主，伦理学、政治学格外发达，在人的管理和组织方面有深入研究。但整个文化体系围绕人展开却常常缺乏人本理念、人道情怀，压抑个人独立个性发育，这使情感教育更多强调情感的升华和规范，使其成为道德教育的有效手段、政治统治的有效工具，却忽略个体心灵成长、精神完善、自我实现，与现代人的需求有一定差距。目前，受传统观念影响，情感教育的目标依然集中在培养优秀公民、合格人才，对于人的全面发展关注不够。我们应该树立教育以人为本、以学生为主体的观念。

2.科学的情感教育方法

目前，我国的情感教育仍然处在经验摸索积累阶段，多缺乏心理科学和教育科学最新成果的有力支持。情感教育本为心灵教育，却常常脱离人心，外在化、形式化、知识化，如标准化的答案替代了真实的感觉感受和细致的情感体验。

3.合理安排情感教育内容

小学阶段就开始进行爱国、爱民、爱社会主义，革命英雄主义、无私奉献精神，树立正确的世界观、价值观、人生观等的教育，到大学阶段才补上基础行为习惯的文明规范、公德教育、礼貌礼仪、社会性融合、感恩亲情这样的基础环节，而对于爱情、友情、自我认知、人际关系处理、心灵成长等重要情感的研究和教育在课程体系中几乎是盲点，或故意回避，致使学习困难的心理障碍、青春期困惑、反抗期焦虑、心理压力和精神疾患等几乎都被"正规教育"忽略。情感教育缺乏独立性，很难切实地碰触情感问题的核心和焦点。事实上，情感教育关注的重点偏于个人心灵成长，而不是社会需求，应和道德教育有所区别；偏于内心体验，而非外在表达，应和艺术教育有所区别；偏于个人幸福，而非文化进步，应和人文素质教育有所区别。情感教育是最贴心的教育，与个体生命历程、心理发育和生涯规划关系紧密。

四、班级情感管理现状

（一）重常规活动管理，轻情感活动交流

过去，培养目标过分强调升学率，导致对班级管理内含的认识存在片面性，认为班级管理只是管理教学活动，对于学生的成绩、纪律、卫生等常规管理比较到位。尤其是刚入学的学生，他们的一些学习常规和生活常规还没有养成。为了帮助学生养成良好的学习、生活习惯，有的教师在班级管理上事无巨细。这是一种家长式的管理，学生没有一点自由。在情感上，学生惧怕教师，只能盲目地顺从，不敢有半点违抗。随着年龄的增长，学生的独立性越来越强，教师一旦言辞过于严厉，则会引起学生的反感，甚至诱发学生的抵触情绪。因此，对培养学生的能力、发展学生的个性、形成学生良好的品德是不利的，使培养出来的学生大多是"顺从型"，缺乏独立性和创造性。

（二）重封闭性管理，轻开放性管理

在班级管理中，由于受到传统观念的影响，以及学生心理特点的认识不够，认为班级管理仅是班内小群体的管理，与学校、与别的班级，以及与社会、家庭关系不大。管理仅限于班级小范围内运行，班主任是最高统帅，学生必须顺从"封闭性"管理。这在一定程度上轻视"开放性"管理，没能更好地利用学校、社区、家庭等有利的教学环境，针对当前学生思想活跃、交际广泛、明辨是非能力不强等特点进行管理，从而导致学生身心不良发展。

（三）重经验性管理，轻科学性管理

在目前班级管理中，有的班级管理者在班级管理活动中过分凭经验、凭自己的主观意愿管理班级，采用"管、卡、压"的管理手段。而能根据学生特点和遵循班级管理规律，采用合理的、科学的方法较少，尤其是由于未能充分采用以教育学、心理学和管理学理论为指导的科学性管理，也没有考虑学生成长过程中的情感需要，和学生沟通不足，从而导致班级管理低效。

五、在班级管理中推行情感教育的意义

（一）有利于开展学生的智力活动

教师的情感因素贯穿于整个教学过程中，教师富有表情的教学活动有助于学生形成内在的视觉形象，有利于学生感知教学内容[①]。教师渗透于教学过程的情感常常是通过目光、手势等表情传递给学生的。教师的一举一动、声音的抑扬顿挫，都可以增强其言语的感染力，给学生留下鲜明的视觉形象，增强学生对教学内容的感知。教师富有情感的言语活动能激起学生的情绪体验，并使其记忆准确而持久。在教学过程中，教师积极良好的情绪状态可以为学生创造更多的轻松愉快的教学情境，不断提高学生反应的敏感性、思维的活跃性，有利于学生举一反三、触类旁通；有利于学生展开理想的翅膀，畅游在知识的海洋中。

（二）有利于学生适应社会的发展

学生全面素养的形成和发展除了掌握课本知识以外，还包括科学的学习方法，浓厚的学习兴趣，积极勤奋的学习态度，正确的情感态度和思维方式，以及正确地看待社会、看待人生的价值观等。受过良好情感教育的人，知道如何调节情绪、处理人际关系。即使遇到突发事件，也不会不知所措，可以很好地调节自己和他人的情感。这样，当学生走向社会以后，就能适应社会对人才多样化的需求，找到适合自己发展的道路。

（三）有利于促进认知训练和情感培养的均衡

尽管认知和情感是学校教育内容的两个方面，但是从学生学习心理活动的规律看，认知和情感是相互渗透、相互作用的，它们不能分割。我们经常会看到这样的现象，学业失败并不是由于没有足够的智力或完成学习任务的潜能，而是因为他们不理解学习的意义、不愿意付出个人的努力。学习的动机和兴趣没有全部发挥出来，而不能出现的课业失败又逐渐夺去了原有的自信心，形成了学习中的恶性循环，以致最后失去对学业的控制。因此，教师想要有效地帮助学生提高认知能力，在学业上得到应有的发展，首先必须从分析和评价学生的情感、态度、

[①] 卢家楣.情感教学心理学[M].上海：上海教育出版社，2002：33-36.

价值观入手，找出阻碍学生学习进步的情感因素，及时有效地纠正"认知训练与情感培养失衡"，积极引导学生从情感方面认知学习的重要性，激发学习动机和学习兴趣，重拾自信心。

第二节 班级管理中的情感教育目标和内容

一、情感教育的内涵和目标

（一）情感教育的内涵

传统的教育也被叫作"左脑的开发"或者"唯理智教育"。原因是这种传统教育特别注重学生认知能力的发展，关注学生左脑的开发，倾向于学生的理智能力的教育。具体表现是：在制定好的教育目标中，对情感方面的要求不够、重视不足，把精力和重点放在了知识的获得和增加、技能技巧的训练和增强、智力开发等方面。这种情况导致了一些问题的出现，如在教育教学过程中，学生情感需求和发展状态得不到关注和关怀，师生情感交流的状况不够理想；对学生的情感发展没有一定的评价标准或者评价标准比较笼统，缺乏可实施性和可操作性等。具有这些特征的唯理智教育对学生成长的关注有些偏颇，不利于学生的全面发展。情感教育被认定为按照情感发展的内在规律，采用相适应的教育方法，充分发挥人的内在情感的积极作用，最终实现人情感的健康发展，为实现人的全面发展做出努力。

（二）情感教育的目标

1 一般目标

一般目标不仅是制定具体目标的出发点和依据，而且是情感教育理论的核心。情感教育的一般目标包括三方面内容，即培养学生的社会性情感，提高学生情绪情感的自我调控能力，帮助学生对自我、环境以及两者之间的关系产生积极的情感体验。这三个方面最后都指向整个教育目标的完成和健全人格的培养，这也是情感教育的终极目标或最后目标。

2.阶段目标

根据不同年龄阶段学生的身心发展特征，结合不同年级的发展任务，设计从低到高的各个阶段的教育目标。各个阶段之间前后相接、螺旋发展，共同构成整个情感教育体系。

低年级：教师在日常的班级管理中，应该经常给予学生积极的鼓励和肯定的评价，培养学生积极的"自我接纳"态度，体验作为好学生的快乐；感受同学情、老师爱、学校的温暖，培养爱集体、爱伙伴、爱老师和爱学校生活的情感。让学生感受到老师就像自己的家长一样，无时无刻不在关心着他们的成长。在家能深切地感受到父母爱、长辈情和家庭生活的温暖，培养爱父母、敬长辈、爱家庭的情感。

中年级：随着学生对学校生活的不断适应，教师在平时的管理中可以从家长的角色里退出来，慢慢向朋友似的师长跨越，利用各种机会教学生恰当地表达自己的情感需要和情感体验，并在必要时给予帮助，为提高自我调控能力打基础；培养学生的道德感，包括道德荣誉感、羞耻感、义务感、责任感等。

高年级：学生的独立意识不断增强，这时需要培养学生开朗、乐观、积极向上的性格。在困难和挫折面前不灰心、不泄气、不爱虚荣、不妒忌，对集体生活和同学有一种积极的情绪体验；引导学生的好奇心和求知欲向比较稳定的方向发展，培养学生初步的探索精神；通过游戏、音乐、形体、美术等课使学生进一步体验美感及其不同形式，引导学生将这种美感和自己的生活结合起来。

二、情感教育的内容

（一）低年级情感教育内容

新入学的学生，他们的学习生活将发生质的变化，这一阶段也是他们生活中的一个重大转折。如果让这些学生真正实现情感上的过渡，让每一个新同学都觉得学校的生活快乐、学校里的学习有趣、学校里的老师亲切，这是非常关键的。教师可以在教室的墙上贴上国旗、队徽，利用晨会带领学生唱国歌等形式培养学生的爱国主义情感，利用班队课教会学生关心集体、维护集体荣誉、积极参加集体活动、认真做好值日生工作。同时，教师要引导学生在家尊敬长辈，自己的事情自己做，爱惜劳动果实，不浪费粮食、不挑吃穿、不偏食，节约用水用电和爱惜生活学习用品。

（二）中年级情感教育内容

到了中年级，学生自我意识逐渐发展，掌握了一些道德原则的评价标准，评价能力开始发展起来，往往可以提出自己的见解，但不善于全面地评价一个人的行为表现。道德感、正义感开始萌芽，但道德认识水平仍较低，辨别是非的能力也不强，很容易受到外界的影响。针对这种情况，教师可以利用道德与法治课的一些事例，让学生通过讨论、评价等方式加强他们的是非辨别能力。学生的活动范围比以前扩大了，更多地接触社会。但是学生看问题还不是很成熟，有时很难分辨是非，对日常生活中的基本准则虽然知道，但是往往不能自觉执行，自控能力有待提高。教师针对学生初步建立的道德感和正义感，引导学生明辨是非，对于他人的不良行为要敢于指出，在校做一个文明的学生，主动帮助同学、关心班集体、珍惜集体荣誉，遵守纪律，多为集体做好事，不做损害集体利益的事。

（三）高年级情感教育内容

高年级学生情绪的强度和持久性迅速增长并出现高峰，各种日常行为很容易受情绪的影响或支配。学生既有强烈的情绪体验，对人对事都极为敏感。同学间开始进行个人简单交往，常常偏重情感。教师在日常管理中要让学生分辨清楚什么是真正的友谊。这个年龄段的学生自我意识有所发展，开始注重穿着打扮，自尊心进一步增强，自主性要求日趋强烈，但是自我约束能力有待提高。到了这个阶段，教师在班级管理中要注重对学生思想情感的分析、监控和评价，培养学生开朗、乐观、积极向上的性格和自学、自理、自护、自强、自律的能力，使学生可以在困难和挫折面前不灰心、不泄气，不虚荣、不妒忌。

三、情感教育的特点

（一）科学性

情感教育的科学性主要指的是情感教育的实施需要采用相适应的教育方法，

按照人情感发展的规律，发挥情感发展的科学规律对情感教育的指导作用，最终实现人的情感的健康发展。有些自然科学的发展为情感教育的实施提供了帮助，可以为情感的发生、发展机制做出合理解释，这也为情感教育的实施提供了依据。

（二）兴趣性

情感教育的兴趣性指的是情感教育的实施需要利用学生的学习兴趣，一旦学习兴趣被激发起来，那么情感教育的实施也将顺利开展，并且在学生获得良好的情感刺激的同时，学生的身心会处在愉悦的精神状态。于是，学生各方面的素质都有机会得到良好的发展。在很大程度上，学生学习兴趣的调动和提升依赖教师的教学能力和教学方法。因此，在教学中，教师要充分挖掘教材中有关情感教育的资源，采用合理高效的教学方法，发掘学生熟悉的事物和感兴趣的内容，对学生进行情感教育，使学生把兴趣都投入学习中，这样可以帮助实现教育培养学生各方面品质的目的。当然，情感教育并不是迎合学生的兴趣，而是要培养那些和学生身心发展有关的兴趣，并让这些兴趣和学习活动结合起来，和教学目标结合起来。

（三）创造性

从表面上看，人的创造力是智力问题，但是任何事情都不是绝对的。很多时候，情感对人创造力的影响甚至要比智力更大。创造力的产生是情感和智力共同作用产生的结果。情感教育的实施并不是一成不变的，而是需要教师因材施教，根据学生的情感基础、情感反应，充分发挥一切有利因素，创造性地开展情感教育。

第三节 班级管理中的情感教育的实施

一、班集体活动中的情感教育

（一）班集体活动类型

1.日常性班级活动

（1）晨会和班会

晨会上，教师可以安排一些固定的项目，如纪律、卫生、常规等方面的教育。教师也可以针对班级的突发事件、学校的某些临时要求做出安排。班会的形式可以多样化，一般以节日庆祝活动、德育教育为主题，通过活动消除学生的焦虑和不安，给学生鼓励和支持，使学生不断奋发向上。

（2）值勤

一般情况下，值勤活动分为两种：一种是班级内部值勤，每天由1—2名学生轮流担任，负责协助班主任管理班级的纪律、卫生等；一种是班级派出成员担任学校的值勤任务，负责记录每个班的早读、卫生、眼保健操等情况。这样的值勤为学生提供了更广泛的活动范围和更多、更复杂的事情，对学生的工作能力、创造力和责任感的提高起到了非常积极的作用。

（3）班级板报等舆论宣传活动

班级集体形象和良好风气的形成要靠实实在在的行为，也要靠舆论宣传。班级舆论宣传活动的主要阵地是黑板报、学习园地等。黑板报不仅给负责宣传的学生以展示才华的机会，而且对"好人好事"的表扬和不良倾向、现象的批评，对每个学生都是很好的教育。在参与的过程中，每个学生都了解了自己的班级和同学，奉献了自己的才智和力量，形成并感受集体的温情和特色。

2.阶段性班级活动

（1）工作型

工作型的阶段性活动指全校每个班级在学期不同阶段都必须完成的班级活

动。例如，学期初班级活动计划的制订，学期结束的各种评选。这类评选在开学初就可以让学生做好准备，尽可能让大多数学生都能够积极参与。

（2）竞赛型

各种全校性的竞技比赛除了能够发现人才和活跃校园生活以外，还能促进班集体荣誉感的形成和班级之间的相互影响。在比赛中，学生可以锻炼自己的意志品质，提高自身的心理素质，并增强集体荣誉感。

（二）在活动中激发集体主义情感

1.在活动中激发学生对集体的依恋感

在我国传统节日，教师可以组织学生开展主题活动。在活动前，教师可以布置学生搜集相关的成语和诗句，并选出具有代表性的写到黑板报上。学生用五颜六色的粉笔在黑板报上写着，画着，欢声笑语充满了整个教室。教师也可以发给学生一些和传统节日有关的礼品，使学生感到集体的温馨，同时架起了师生之间、学生之间的感情桥梁。

2.在活动中激发学生的集体荣誉感

集体荣誉感是学生能自觉地将集体荣誉和个人荣誉联系起来的一种情感。集体荣誉感是在依恋的基础上形成的，它的形成又能加深学生对集体的依恋感。学校组织的班级之间的比赛活动，特别是第一次比赛，是培养学生集体荣誉感的最佳时机。教师要抓住这个时机激发学生的集体荣誉感。例如，笔者刚接班第一周，学校就要举行广播操比赛。笔者一边鼓励学生，一边加紧训练，把赛前练兵作为集体主义教育的组成部分。学生心中有了集体，出现了动人的场面：课间，人人自觉练做操，互相督促，互相纠正……经过努力，笔者的班级终于取得了广播操比赛的第一名。笔者抓住契机，进行教育和鼓励，让学生在荣誉中寻找自己的身影，使学生认识到，每个人的表现都关系集体的荣辱，使他们坚信，我们班有能力做好任何一件事，只要大家齐心协力，就没有战胜不了的困难……学生一个个热血沸腾、摩拳擦掌，都决心拿实际行动为集体增光添彩，不给集体抹黑。第一次比赛的成功使学生看到集体的力量，自觉形成向着同一目标努力奋斗的向心力。同时，也激励着学生的上进心，促使学生在学校的各项活动中争取新的胜利。学生热爱集体的情感得到了升华。

3.在活动中培养学生的集体责任感

（1）抓契机，激发学生对集体的责任感

教师可以针对近段时间班里发生的一些事情，在班会上组织学生进行讨论，从而从心里深处触动和启发学生，使他们意识到要热爱自己的集体，要有集体责任感。

（2）树榜样，培养学生对集体的责任感

榜样具有生动、鲜明、直观的特点，学生易于理解、易于效法，能从他们的事迹中受到启示和鼓舞。学生接受新生事物快，也特别善于模仿。利用班会组织学生讲英雄故事、读名人传记，为学生指出学习的榜样，比如邱少云为不暴露潜伏的全连战友，取得战斗的最后胜利，宁可烈火烧身也不动一动；黄继光为使战友免遭伤亡，取得战斗的最后胜利，用自己的身体堵住敌人的枪口；我国的航天英雄用集体智慧登月成功等。此外，教师根据学生好胜的心理，选择身边的典型事例，使他们的目标切近具体榜样，以激发学生积极向上。学生对集体的情感不是一朝一夕能够培养成的，班主任应当坚持不懈地工作，精心设计各种生动有趣的活动，激发和不断升华学生对集体的情感，让学生在优良的班集体中，德、智、体、美、劳全面发展。

二、班集体建设中的情感教育

（一）在审美中陶冶学生的情感

生活中到处充满了美，关键在于你能否发现。艺术带给人的不仅是视觉、听觉上的美好享受，更重要的能给人以心灵的净化，陶冶高尚的情操。例如，学校的花坛有各种各样的花，它们在微风中摇曳生姿。教师可以把学生带到花坛边写生。学生面对这些美好的事物，想象着自己就是花坛中的一朵花或一棵草，妙语连珠。教师在训练学生语言的同时，在他们的心田里下了绿色环保的种子。在班会上，教师不定期地组织学生观看祖国大好河山的风光片、欣赏同学的书画作品、听名段名篇朗诵、听中外名曲等，请同学们品一品、评一评，在一品一评间感受美的真谛，情感受到感染，产生心灵共鸣。

（二）在倾诉中引导学生的情感

作为一个优秀的教师，必须学会倾听学生的心声，站在学生的立场，为学生解决心中的烦恼。不同性格的学生，他们的"心里话"也是不一样的。一般情况下，性格外向的学生比较豁达、开朗，在平时的学习和生活中遇到不开心的事情，大多能想得通，很容易就得到解脱。但由于这类学生的情感变化较快，有时就显得冲动、鲁莽。教师在和学生交心的过程中要指导性格外向的学生学会冷静、克制冲动。对于性格内向的学生，他们遇到不顺心的事常常搁在心里，不太会发泄，不容易解脱。如果在"心里话"里发现这类孩子的倾诉，教师千万不能暂放一边，一定要及时予以排解。教师可以找学生谈心，可以给他们回一封短信，可以联系家长配合引导，帮助学生克服多愁善感的缺陷，培养开朗的性格，形成良好的情感。

（三）建立民主自治的班集体

1.采用全员激励原则

全员激励指的是每个学生充分发挥智力、体力等方面的潜能，以实现个体目标和班级总目标。采用全员激励原则，首先要求班级管理者公正无私。在执行自主参与原则时要做到：管理者要增强民主意识，切实保障学生主人翁的地位和权利。学生是教育的客体，又是教育的主体。因此，管理者应把学生视为班级的主人，特别是高年级学生的自我意识发展很快，有独立的判断力，不希望受到教师过多的干扰。教师应让全体学生参与自己工作的决策过程，机会均等地给每个学生创造成功的条件。对于优秀学生，不能"一俊遮百丑"；对于暂时后进的学生，也不能"一棍子打死"，要善于发现他们身上的闪光点。教师要让学生了解班级工作的各个环节，明确自己的责任和义务。只有这样，学生才会具有主人翁意识，才会把管理者建议完成的工作当作自己的使命。

2.采用班干部轮换制

在班级管理中，班干部的配备和培养对班级管理的成效有很大的影响。班干部不仅是班主任的助手，更是班级中的脊柱。有好的班干部队伍，就会有团结向上的班级。当选班干部，能够培养学生的组织能力和责任心。通过民主投票选出的班干部，要求他们严于律己，乐于为同学服务。各方面表现好的学生，特别是关心集体、有责任心的中等生，教师要优先培养。教师可以先从小组长开始培养，明确责任、严格要求，发动全班学生对其进行监督。成为班干部不仅可以锻炼学生各方面的能力，还可以减轻教师的工作。每个学生都有自己的闪光点，要充分利用这些闪光点开展工作。例如，一般情况下，后进生都比较爱劳动。教师就可以让他们负责班级的卫生工作，从情感上让他们感受教师还是很重视他们的，自己在班级中还是有用武之地的，他们做起来也会特别卖力。当学生干部遇到困难时，教师要帮助他们解决，但不要代替他们。教师要让学生干部大胆地开展工作，锻炼并提高他们独立工作的能力，使他们成为班主任的得力助手和班集体的核心力量。因此，教师要让每个学生都参与对班级的管理。

3.营造民主氛围

从具有民主、平等的观念，到把这些观念落实到具体的行为上，仍然是有距离的。问题的关键是，班主任是否真正把自己放在同学生平等的位置上，班主任如何理解自己在班级管理中的地位和作用。可见，民主的管理氛围可以把集体和个人的管理结合起来，以收到更好的管理效果，为学生行使民主权利提供机会、创造条件。具体而言，就是班级管理者既要对学生坚持正面引导、耐心教育，又要凭借规章制度严格要求学生，约束其行为，实行严格的教育管理[1]。只有这样，才能有正确的集体舆论，获得教育的实效。

---

[1]张秀竹.班级自主管理基本策略探究[J].天津教科院学报，2004（04）：75-78.

结束语

本书对德育教育工作和学生管理的研究结论主要体现在以下几个方面：

一、重视德育教育并树立德育教育新观念

学校要重视德育工作，将其放在学校工作的首要位置，并树立新的德育教育观念。德育教育的任务之一就是培养人在改造世界的过程中的正确价值观，另一个任务就是帮助个人在认识完善自我的过程中形成恰当的人生观。学校德育工作应该按照现实存在的物质世界发展要求和人的自由全面发展要求来开展。我们要改变只重物质忽视内在精神的教育，树立全新的德育教育观念，确立"以人为本"的德育教育观念。我们只有树立"以人为本"的德育教育观念，才能真正地立足于现在，同时又着眼于未来，才能被学生自觉自愿地接受和内化，从而达到提高学生道德素质的目的。

二、调整并充实德育教育内容

思政类课程是高校德育教育的具体措施，也是对学生进行思想教育的主要形式。如今的学生思想比较开放，对新事物的接受能力和认同感不同于一般的社会人员。因此，思政类课程必须从现代效率观念出发，坚持理论课程和实际相结合，实现从枯燥的论述到精品的知行合一的转变。对于学生早已学过、理解并掌握的理论知识需要适当减少比例，对于学生感兴趣的社会热点引出的德育新内容要适当增加，德育内容应该与时俱进，不能与社会发展脱节，要引导学生运用德育知识去分析问题、解决问题，树立正确的世界观、人生观和价值观，将个人的思想活动和社会发展结合起来，自觉抵制西方腐化思想。同时，学校要组织学生参与德育教育社会实践活动，使理论和实践结合起来，更好地开展德育教育。

三、重视班级管理中的情感教育

在班级管理工作中，教师要重视运用情感教育方法，不仅可以建立和谐融洽的师生关系，也有助于塑造学生健全的人格，还能完善学生的思想价值观念和品行。基于此，教师应该在师生沟通过程中融入情感、在纠正学生错误时渗透情感、在日常管理中播撒情感、在家校之间传递情感，运用爱心、细心、责任感、伯乐的慧眼和宽容的情怀引导、感化和激励学生，促使学生自律自强、修身立德、锐意进取，从而实现在班级管理工作中高效运用情感教育。

四、运用家校通平台提高学校和家长的沟通质量

首先，从转变双方沟通理念入手，包括提高教师平等沟通观念、家长和教师形成合理沟通时间观及教师树立正确的教育责任观。其次，家长和教师要充分利用新媒体工具丰富家校沟通内容，教师拓展心理健康教育且重视对学生个性的培养。然后，优化新媒体沟通渠道，提高双方对新媒体沟通渠道的正确认知，家长和教师采用线上和线下沟通的方式进行沟通。再次，学校要有专门管理人员、拟定沟通平台规则及强化沟通平台的舆论引导，教师也要提升管理意识和管理能力。最后，学校要制定家校沟通的评价制度和考核制度、丰富网络评价渠道和完善相应的沟通评价机制。

以上就是本书对德育教育工作和学生管理的研究得出的一些结论。不可否认的是，受笔者知识的广度和深度、资料来源、研究时间等因素的限制，书中仍在一些方面存在不足之处，希望自己能在今后的研究中加以弥补和修正。

参考文献

[1] 徐晓美，郭芮.新时代民族院校网络思想政治教育：挑战、困境与机制创新[J].民族教育研究，2023（06）：105-111.

[2] 赵继伟.课程思政建设的原则、目标与方法[J].中南民族大学学报（人文社会科学版），2022（03）：175-188.

[3] 叶飞.回归本体价值的德育评价改革[J].南京社会科学，2022（01）：147-154.

[4] 冯建军.测量时代的德育评价：难为与能为[J].中国电化教育，2022（01）：1-8.

[5] 孙亮."三全育人"视域下新时代高校德育工作的路径创新[J].湖南社会科学，2022（01）：144-149.

[6] 吴扬，王雁.特殊教育学校德育的背景、需求及路径探析[J].中国特殊教育，2022（06）：9-15.

[7] 黄向阳.学校道德三位一体导向的间接德育论——兼析西方直接道德教学的兴衰[J].教育研究，2022（02）：122-137.

[8] 李小红.高校辅导员班级管理与班风建设标准化对策分析[J].中国标准化，2022（03）：175-177.

[9] 程红艳，杨宇轩.全员参与：中国新型班级民主管理的现实诉求与实践路径[J].教育科学研究，2022（03）：34-41.

[10] 李建辉.班级管理中的契约文化构建[J].教育理论与实践，2022（26）：26-29.

[11] 鲁洁，王逢贤.德育新论[M].南京：江苏教育出版社，1994：4-10.

[12] 张万山.当前我国高校德育实效性问题及对策研究[D].石家庄：河北师范大学，2012：23-27.

[13] 戚万学.冲突与整合——20世纪西方道德教育理论[M].济南：山东教育出版社，1995：283.

[14] 徐元善.中国古代德育理论述略[J].徐州师范学院学报，1993（04）：128-131.

[15] 戚万学.活动道德教育模式的理论构想[J].教育研究，1999（06）：69-76.

[16] 檀传宝.让道德学习在欣赏中完成——试论欣赏型德育模式的具体建构[J].北京师范大学学报（人文社会科学版），2002（02）：107-112.

[17] 董建新.制度与制度文明[J].暨南学报（哲学社会科学），1998（01）：8-13.

[18] 杜时忠.制度德性与制度德育[J].教育研究与实验，2002（01）：11-13.

[19] 李香善.高校德育环境的优化[J].教育理论与实践，2014（03）：33-35.

[20] 张岱年，方可立.中国文化概论[M].北京：北京师范大学出版社，2004：3.

[21] 戴静.略论思想政治教育与传统文化[J].现代商贸工业，2007（01）：62-63.

[22] 迪民.传统文化与智慧人生[M].西安：西北工业大学出版社，2012：171.

[23] 刘敏，徐晓杰.中国传统文化导论[M].哈尔滨：东北大学出版社，2014：21.

[24] 施展，刘娜.从"思政课程"到"课程思政"——谈高校如何通过课堂主渠道完成立德树人的根本任务[J].才智，2019：155-156.

[25] 黄发国，张倡涛.翻转课堂100问[M].济南：山东友谊出版社，2016（05）：4-5.

[26] 陈爱萍，刘焕明.中华优秀传统文化融入高校思想政治理论课的实践路径[J].思想教育研究，2020（09）：108-111.

[27] 顾明远.个性化教育与人才培养模式创新[J].中国教育学刊，2011（10）：5.

[28] 王振全.一个孩子就是一部教育史——基于H区个性化教育实验分析[J].教育理论与实践，2012（01）：9.

[29] 刘桂芝，李婿.完善本科生课程评价体系，激发师生联动发展[J].中国高等教育，2012（03）：52-54.

[30] 马桂英.新课程背景下小学教育管理改革研究[J].中国校外教育，2014（17）：111-112.

[31] 李元国.小学教育教学的有效管理路径思考[J].亚太教育，2015（22）：11.

[32] 林崇德.教育的智慧——写给中小学教师[M].北京：开明出版社，1999：33-38.

[33] 史爱荣，孙宏碧.教育个性化和教学策略[M].济南：山东教育出版社，2001：56-65.

[34] 李吉林.情境教学——情境教育[M].济南：山东教育出版社，1999：74.

[35] 张三香，谢薇薇.批判性阅读理论的依据与策略[J].江西社会科学，2020

（07）：261-262+264.

[36] 林培锦.勒温场理论下当代大学生学习兴趣的培养探究[J].中国大学教学，2015（06）：67-71.

[37] 郎补俄.揭开学习兴趣与班主任工作规律的奥秘[M].呼和浩特：内蒙古大学出版社，2016：22.

[38] 任长松.高中新课程与探究式学习[M].天津：天津教育出版社，2005：28.

[39] 刘云.高中数学教科书中探索内容的使用研究[D].重庆：西南大学，2016：37.

[40] 徐学福.探究教学研究[M].桂林：广西师范大学出版社，2005：33-36.

[41] 靳玉乐.探究教学论[M].重庆：西南师范大学出版社，2007：15.

[42] 张志勇.情感教育论[M].北京：北京师范大学出版社，1995：33-36.

[43] 刘晓伟.情感教育：塑造更完整的人生[M].上海：华东师范大学出版社，2007：37-42.

[44] 朱小蔓.情感教育论纲[M].北京：人民教育出版社，2007：56-58.

[45] 吴志宏.新编教育管理学[M].上海：华东师范大学出版社，2002：33-37.

[46] 陈孝彬.教育管理学[M].北京：北京师范大学出版社，2000：67-69.

[47] 张秀竹.班级自主管理基本策略探究[J].天津教科院学报，2004（04）：75-78.

[48] 萧宗六.教育管理研究[M].武汉：华中师范大学出版社，2000：56-61.

[49] 陈红.新媒体时代家校协同教育的创新[J].教学与管理，2018（19）：23-24.

[50] 杨青.社交平台在家校沟通中应发挥更积极作用[J].中国教育学刊，2008（01）：102.

[51] 陈建翔.他们影响了全世界家庭[M].北京：北京出版社，2005：31-35.

[52] 宋艳红.家长与教师之间冲突的社会学分析[D].北京：首都师范大学，2007:34-37.

[53] 葛晔晔.加强家校合作，构建和谐校园——以南湖职业学校为例[D].上海：上海师范大学，2006：33-35.

[54] 曲宗湖.体育教学模式问答[M].北京：人民体育出版社，2003：56-60.

[55] 朱赤.家校沟通中的问题与对策初探[J].学周刊B版，2014（04）：217.

[56] 董艳，武欣欣，王飞.班级博客对家校合作的支持途径研究[J].教育科学研究，2016（06）：62-65，80.

[57] 张海梅.如何做好"互联网+"背景下的家校沟通[J].学周刊，2016（09）：

104-105.

[58] 李双斌.互联网+生态圈下的科技媒体融合与变革[J].科技传播，2015（22）：46.

[59] 桂卫林.新媒体环境下的大学生思想政治教育研究[D].中央民族大学，2011：3-5.

[60] 张毅翔，李林英.思想政治理论课引入新媒体的实践与思考[J].北京教育（德育），2010（12）：12.

[61] 贾英健.公共性视域——马克思哲学的当代阐释[M].北京：人民出版社，2008：209.

[62] 武东生.思想政治理论课教学改革过程中应思考的若干问题[J].清华大学学报，2005（01）：27.

[63] 工朝正.当前高校思想政治理论课的实效性研究[D].长沙：湖南师范大学，2013：43.

[64] 赵汀阳.论可能生活[M].北京：生活·读书·新知三联书店，1994：10.

[65] 鲁洁，王逢贤.德育新论[M].南京：江苏教育出版社，2010：202.

[66] 汤英.改革开放以来高校思想政治理论课教师队伍建设研究[D].兰州：兰州交通大学，2015：33-37.

[67] 曹峰.高校思政课话语体系下的大学生政治认同[J].中国青年社会科学，2016（03）：41-47.

[68] 欧阳辰晨.立足中华优秀传统文化提升大学生文化自信的路径探究[J].求知导刊，2018（01）：93.

[69] 曾媛.优秀传统文化与思想政治教育融合中的价值实现[D].沈阳师范大学，2013：64.